KB270564

SPARKNOTES™

다락원 | Spark Publishing

유토피아

Utopia

토머스 모어

SPARKNOTES™ 014

유토피아

펴낸이 정효섭
펴낸곳 (주)다락원

초판 1쇄 인쇄 2009년 2월 10일
초판 1쇄 발행 2009년 2월 17일

책임편집 안창열
디자인 손혜정
번역 김선희
표지삽화 손창복

다락원 경기도 파주시 교하읍 문발리 509-1
내용문의: (031)955-7272(내선 400)
구입문의: (02)736-2031(내선 112~114)
Fax:(02)732-2037
출판등록 1977년 9월 16일 제300-1977-23호

Copyright © 2009, 다락원

출판사의 허락 없이 이 책의 일부 또는 전부를
무단 복제 · 전재 · 발췌할 수 없습니다.
잘못된 책은 바꿔 드립니다.

값 7,000원

ISBN 978-89-5995-179-6 43740

http://www.darakwon.co.kr
일이관지(一以貫之) 논술팀이 제시한 실전 연습문제 답안작성
논술가이드는 www.darakwon.co.kr에서 무료 제공합니다.

세계의 교양을 읽는다

고전을 왜 읽는가?

인간의 삶과 세상에 대한 영원한 물음이 있기 때문이다. 시대와 사상을 뛰어넘어 지금 여기 우리에게 필요한 물음이 없는 고전은 더 이상 고전이 아니다. 인간과 삶에 대한 근원적인 물음 없이 고전을 읽는다면 자신과 인간에 대한 성찰과 지혜로 이어지지 않는다. 논술 시험 때문에, 과제물 때문에, 아니면 남들이 읽으니까, 나도 읽는다는 식이라면 그 책은 죽은 책일 수밖에 없다.

고전을 살아 있는 책으로 만드는 이 '물음!'에 답하기 위해서는 좋은 길잡이가 필요하다. 오랜 기간 동안 미국의 고교생과 대학 주니어들이 시험, 에세이 작성, 심층토론 준비를 위해 바이블처럼 애용해온 'SPARKNOTES'와 'CliffsNotes'는 바로 그런 좋은 길잡이의 표본이다. 이 두 시리즈가 원조 논술연구모임인 '일이관지(一以貫之)' 팀의 촌철살인적 해설을 곁들여 논술로 고민중인 대한민국 학생 여러분을 찾아간다.

SPARKNOTES와 CliffsNotes의 가장 큰 장점은 방대하고 난해한 고전을 Chapter별로 요약하고 분석해서 원전의 내용에 보다 쉽고 체계적으로 접근하는 신속·간편성이라고 할 수 있다. 여기에 '一以貫之' 팀이 원전의 중요한 문제의식, 즉 근원적 '물음'은 무엇이며, 그 '물음'은 오늘날에도 여전히 유효한가, 라는 질문을 다시 던진다.

대입논술로 고민하고, 자칭 타칭의 고전이 넘쳐나는 오늘의 독서풍토에서 지적 정복이 긴박한 대한민국 학생들에게 감히 이 시리즈를 자신 있게 권한다.

一以貫之 논술연구모임 연구실장 이호곤

차례

이 책의 구성

SPARKNOTES와 CliffsNotes는 방대하고 난해한 원작을 보다 쉽게 이해할 수 있도록 돕는 안내서입니다. 여기에는 원작 이해를 돕기 위해 매 장마다 '요점 정리(또는 줄거리)'와 '풀어보기'가 실려 있습니다. '요점 정리(또는 줄거리)'에는 원저의 내용을 일목요연하게 정리해 놓아 저자가 전달하려는 내용을 어렵지 않게 파악할 수 있습니다. '풀어보기'에서는 철학서의 경우, 원저에 담긴 저자의 사상이나 관련 철학, 시대 상황, 논점 등을, 문학 작품인 경우에는 원작에 담긴 문학적 경향, 등장인물의 심리상태, 주제 등을 설명해 놓았습니다. 분석적이고 비판적인 글읽기의 바탕이 되는 요소들이죠. 비소설이나 소설을 막론하고 분석적이고 비판적인 글읽기는 독자에게 꼭 필요한 자질입니다.

그밖에도 원저를 좀더 깊이 복습해서 제대로 소화할 수 있도록 돕기 위해 'Study Questions'와 'Review Quiz' 등을 마련해 놓았습니다.

* 〈 〉는 철학서, 장편소설, 중편소실, 수필집, 시집. " "는 단편소설, 논문
* 작품명은 독자의 이해를 돕기 위해 예외적인 경우를 제외하고는 영어식으로 표기함.

● 일이관지(一以貫之) 논술노트

권말에는 일이관지 논술팀에서 작성한 논술노트가 실려 있습니다. 원저를 우리의 삶과 연계시켜 비판적 사고와 논리적 글쓰기의 방향을 제시합니다.

● 실전 연습문제

논술예제와 기출문제를 통해서는 원작을 바탕으로 출제 가능성이 높은 논점을 함께 숙고해 봅니다.

간추린 명저 노트

　　1478년, 저명한 법률가 존 모어의 맏아들로 태어난 토머스 모어 Thomas More는 르네상스 초기에 세인들의 관심을 한 몸에 받은 가장 영향력 있는 인물이다. 그는 캔터베리 대주교였다가 나중에 대법관이 된 존 모턴 경의 눈에 들어 옥스퍼드 대학교에 입학해서 라틴어, 그리스어, 수사학을 공부했다. 이어 아버지의 권유에 따라 법률가가 되려고 열여섯 살 때 옥스퍼드를 떠나 뉴 인과 링컨 인에서 법률과 경제학을 공부해 인정받는 법률가가 되었고, 사제직 시험에 응시하기 위해 4년간 수도원에서 생활하기도 했다. 그 후 런던의 사정장관보로 재직하면서 작가, 역사가, 사상가, 정치가로도 널리 이름을 날리며 많은 존경을 받았다.

　　대표작은 〈리처드 3세의 역사 *History of King Richard III*〉(1513. 윌리엄 셰익스피어는 이 작품을 바탕으로 〈리처드 3세 *Richard III*〉 집필)와 〈유토피아 *Utopia*〉(1516) 등이 있으며, 그밖에 프로테스탄티즘에 관한 수많은 반론과 〈논박 *The Confutation of Tyndale's Answer*〉(1532–33)이란 제목의 교회에 관한 명상록 두 권을 썼다.

　　토머스 모어가 친분을 나눈 영국과 유럽 대륙의 유명한 사상가들 가운데는 당대 최고의 휴머니즘 사상가 데시

데리우스 에라스무스*도 포함되어 있다. 1518년, 모어는 헨리 8세의 신임을 받는 고문이 되었고, 1529년에는 사제가 아니면서 대법관에 임명된 영국 역사상 최초의 인물이 되었다. 당시 대법관 자리는 오늘날의 국회의장, 대법원장, 국무총리를 모두 겸하는 일인지하 만인지상(一人之下 萬人之上)의 자리였다. 그는 이렇듯 성공했지만 독실한 가톨릭 신자로서의 자세를 견지했다. 비록 사제의 꿈을 접고 평신도로서 하느님께 봉사하기로 결심했으면서도 수도자처럼 새벽에 일어나고, 장시간의 기도에 참여하고, 단식하고, 뻣뻣한 셔츠를 입는 등, 많은 고행(苦行)을 자초했던 것. 그는 찢어지게 가난한 생활을 한 것으로도 유명했다.

종교개혁 초기인 당시 반종교개혁의 선봉에 섰던 모어는 프로테스탄트를 세차게 몰아세웠지만, 역설적이게도 유토피아 사회의 신조 하나가 종교적 관용이었다. 1532년, 영국은 정치적 · 종교적으로 급변하고 있었다. 모어처럼 헨리 8세 역시 오랫동안 가톨릭의 충직한 수호자였으나 진심이라기보다는 정치적인 계산이 깔려 있었다. 스페인의 공주였던 캐서린과 이혼하기 위해 바티칸과의 관계를 단절하고, 곧 스스로 새로운 국교회의 수장이 되는 종교개혁을 단행

---

* **데시데리우스 에라스무스**(Desiderius Erasmus. 1469-1536): 네덜란드 태생의 사제이자 학자. 권력화된 로마 가톨릭교회의 절대 권력에 비판적이었으며, 사제직을 그만두고 라틴 고전 연구에 전념했다. 주요 저서는 〈우신예찬〉 등.

하면서 궁녀인 앤 볼린과 재혼했던 것. 모어는 그 같은 움직임에 대한 항의의 표시로 왕비의 대관식에 불참했을 뿐만 아니라 이들의 후손에게 왕위를 물려준다는 왕위계승법에도 동의하지 않다가 결국 반역죄로 재판에 회부되어 1535년에 사형선고를 받고 처형되었다. 1935년, 교황 피우스 11세는 토머스 모어를 성인(聖人)으로 추서했다.

토머스 모어의 삶은 유럽 역사상 격동기의 한가운데에 놓여 있었다. 여전히 봉건제도라는 경제구조에 바탕을 두었던 유럽과 영국에서는 사실상 모든 권력이 부유한 귀족에게 속해 있는 반면, 농부들은 지배자인 귀족의 사치스러운 생활을 떠받치느라 생계를 이어가기도 힘들 정도였다. 15세기 말과 16세기 초는 14세기 후반부터 15세기 전반에 걸쳐 이탈리아에서 시작되어 유럽과 영국으로 전파된 르네상스의 형성기였다. 고대 그리스와 로마 문화를 부흥시켜 새로운 문화를 창출하려 했던 이 운동에는 이성과 과학의 강조, 그리고 수도자나 사제보다는 속세의 지식인들이 주도한 휴머니즘이 포함되어 있었다. 인문주의자들은 기독교를 깊이 신봉했지만, 교회의 권위로부터 독립적이었고 인간의 존엄성과 이성의 힘을 강조했으며, 그들의 사상과 글은 중세시대의 사상을 줄곧 구속했던 엄격한 종교적 정설의 영향력을 약화시키는 데 일조했다. 또한 봉건제도란 부자들이 지배하고 다른 사람들은 모두 착취당하는 사회라며 반대했고,

더 나아가 비이성적이고 여러 측면에서 그저 입으로만 기독교적 이상을 외칠 뿐이라고 생각했다. 이처럼 휴머니즘은 사회를 새롭게 이해하도록 만들었으나 토머스 모어와 에라스무스 등 초기의 가장 주목할 만한 실천가들이 예상하고 지지했던 것보다 훨씬 큰 영향을 미쳤다. 1517년, 마르틴 루터*가 비텐베르크의 한 교회 문에 95개조의 논문을 게시해 종교개혁의 시작을 알리면서 유럽은 격렬한 종교적·정치적 대립에 휩싸였다. 영국도 예외는 아니어서 전국에 걸쳐 끊임없이 나타난 프로테스탄트들은 많은 박해를 받았다. 그런데 헨리 8세가 교황과 결별하고 영국이 프로테스탄트가 되면서 탄탄했던 가톨릭은 궁지에 몰렸다.

토머스 모어는 종교개혁 직전에 〈유토피아〉를 집필했다. 당시는 종교개혁을 초래한 억압과 부패가 극에 달했던 시기여서 갈등이 폭발하기 일보직전이었다. 이 작품은 라틴어로 쓰였다가 나중에 여러 언어로 번역되었는데, 화자(話者)인 라파엘 히슬로데이가 이상사회라고 주장하는 유토피아 섬에 관한 이야기를 들려주는 형식이다. 이 작품이 엄청난 성공을 거두면서 모어는 유명해졌고, '유토피아 소설'의 문학적 전통을 세웠을 뿐만 아니라 완벽하고 이상적인 인

간사회를 묘사하는 작가들의 시도에 '유토피아 소설'이란 명칭을 빌려주기도 했다. 그러나 〈유토피아〉에 의해 세워진 이 전통이 너무나 강렬한 나머지 작품 자체를 모호하게 만드는 경향이 있는 듯하다. 오늘날, 토머스 모어가 유토피아 섬을 완벽한 사회로 간주했다고 수긍할 평론가는 거의 없을 것이다. 이 책은 허구적인 이야기 구조와 허구적인 등장인물들의 대화를 통해 유토피아의 장점을 부르짖는 라파엘 히슬로데이의 확신에 대해 어느 정도 의심을 갖게 만든다. 히슬로데이가 제시하는 사상을 토머스 모어가 반드시 지지하지 않는다는 것은 분명하다. 그러나 유토피아를 하나의 완벽한 사회로 상상하지 않았을지는 몰라도 작가가 주변에서 목격한 유럽 세계에 대한 비판으로서 공리주의*적이고 이성적인 유토피아를 제시한 것이란 점은 논란의 여지가 없다. 그렇다면, 〈유토피아〉는 특정한 역사적 시점에 대한 반응이라고 이해하는 것이 중요하다.

유토피아 사회를 분석하는 방법은 여러 가지다. 이성적인 사고방식이나 인문주의적인 신념의 극치, 봉건제도의 대안, 공유사회를 찬성하는 성명, 또는 기독교적 가치에 따

---

* **공리주의**(功利主義. utilitarianism): 18세기 말과 19세기의 영국 철학자이자 경제학자 제레미 벤덤과 존 스튜어트 밀에서 비롯된 윤리학 전통. 그 근본원리에 따르면, 어떤 행위는 행복을 증진시키는 경향을 가질 때 옳은 행위이고 반대의 경우는 그른 행위다. 여기서의 행복은 행위자의 행복이 아니라 행위의 영향을 받는 모든 사람의 행복.

른 개혁 촉진 노력 등으로 생각될 수도 있는 것. 이처럼 상이한 비판적 접근이 상호 배타적인 것은 아니고, 토머스 모어는 이 작품에 깊숙이 담겨진 복잡한 의미를 확실히 알고 있었다.

〈유토피아〉는 2부로 나뉘어져 있는데, 제2부를 먼저 쓰고, 제1부는 나중에 덧붙였다. 유토피아 사회를 상세히 묘사하는 제2부는 지적 능력을 함양하고 도덕적 진보를 이룬다는 에라스무스의 인문주의적 사고방식과 흡사하다. 제 제2부를 소개하고 설명하는 제1부도 두 부분으로 나뉘어 쓰인 것처럼 보인다. 앞부분에서는 가공인물인 모어가 히슬로데이를 짧게 소개하고, 뒷부분에서는 히슬로데이가 영국 사회의 범죄, 왕의 호전성과 욕심 등의 주제를 폭넓게 언급하는데, 어떤 주제는 작가인 토머스 모어에게 매우 중요할 뿐만 아니라 개인적 흥미를 유발시키는 것들이고, 어떤 주제는 히슬로데이의 됨됨이를 간파할 수 있게 해주면서 어느 면으로는 그가 처음에 생각했던 것만큼 그다지 박식하지 않다는 사실을 보여준다. 이처럼 〈유토피아〉는 다소 부족한 이상사회에 대한 묘사이자 당시 이상사회라고 간주되던 유럽 사회에 대한 비판이고, 작품 자체와 주제에 대한 논평이다. 자신의 사상을 계속 발전시키고 있는 심오한 사상가가 내놓은 〈유토피아〉는 종종 그 자체에 의문을 품고 있는 것처럼 보인다. 종교적인 관용을 주장하면서도 프로테스탄트를 박해했고, 사제가 되기보다는 평신도로 남아 있으면서 신념을 위해 순교한 토머스 모어 자신처럼 역설적인 측면을 담고 있기 때문. 결국, 〈유토피아〉는 완벽함을 창조하고자 하는 욕망과 인간의 불완전함으로 인해 완벽함이란 불가능하다는 실용주의적인 사고방식 사이에서 이상과 현실을 관통하는 길을 찾으려고 시도했던 책이다.

● **모어** More | 영국 헨리 8세의 특사로 안트베르펜을 방문해 친구 피터 가일즈와 라파엘 히슬로데이를 만난다. 저자인 토머스 모어 경과 동명이인이지만, 저자의 생각을 그대로 전달한다고 생각해서는 안 된다. '스파크노트'에서는 '모어'는 가공인물, 〈유토피아〉의 저자는 '토머스 모어'라고 표기한다.

● **피터 가일즈(페테 힐레스)** Peter Giles | 모어의 친구이자 라파엘 히슬로데이를 소개하는 인물. 높은 직위에 고매한 학식과 훌륭한 성품을 갖췄다. 〈유토피아〉의 출판을 도와준 토머스 모어의 친구로서 실존인물이지만, 이 작품에서는 허구적인 역할을 맡고 있다.

● **라파엘 히슬로데이(히슬로데우스)** Raphael Hythloday (Hythlodaeus) | 철학자이자 세계 여행가. 유토피아 섬에서 5년 동안 살다가 유럽으로 돌아와 그 이상사회에 관한 이야기를 들려준다. 토머스 모어는 그리스어로 '허풍쟁이, 수다쟁이'라는 뜻의 '히슬로데우스'란 이름을 통해 유토피아 섬이 허구라는 것을 은근히 독자들에게 귀띔한다.

● **존 모턴 추기경** Cardinal John Morton ｜ 헨리 8세 시절 대법관을 지낸 실존인물. 히슬로데이는 존 모턴을 비롯한 여러 사람과 가진 가상의 저녁식사 자리에서 영국의 사회 문제를 놓고 토론을 벌인다. 실제 모턴은 토머스 모어가 옥스퍼드에서 수학하도록 추천했다.

● **법률가** ｜ 이름이 알려지지 않은 인물. 영국 사회에 우호적인 입장을 취하며, 히슬로데이의 지적을 달가워하지 않는다.

● **유토푸스 장군** General Utopus ｜ 유토피아를 건설한 인물. 야만인들이 살던 유토피아 반도를 점령하고 대륙으로부터 떼어내 섬으로 만든다. 히슬로데이는 그가 지혜롭게 건설한 유토피아 사회에 흠뻑 매료된다.

영국 헨리 8세의 특사 자격으로 플랑드르에 파견된 모어는 공식 일정이 없는 동안 안트베르펜을 방문해 종종 현지 태생인 친구 피터 가일즈를 만나 세상 돌아가는 이야기를 나누며 향수병을 달랜다. 어느 날, 노트르담 성당에서 미사를 마치고 숙소로 돌아가려던 모어는 가일즈가 얼굴이 검게 타고 수염이 더부룩한 남자와 이야기 나누는 광경을 보게 된다. 가일즈는 곧 그 낯선 사람 라파엘 히슬로데이를 모어에게 소개하는데, 라틴어뿐만 아니라 그리스어 실력이 뛰어나고 철학에도 관심이 많은 세계 여행가였다. 그들은 함께 모어의 숙소로 갔고, 그곳에서 히슬로데이가 여행담을 들려준다.

유명한 탐험가 아메리고 베스푸치*와 함께 네 차례 항해하면서, 신세계, 적도 남쪽, 아시아 전역을 돌아본 후, 유토피아 섬에 상륙했던 히슬로데이는 뛰어난 통찰력을 바탕으로 자신이 여행했던 사회들에 대해 이야기한다. 가일즈와 모어는 그에게 그 정도 통찰력이라면 왕을 위해 '봉사'해도

---

* **아메리고 베스푸치**(Amerigo Vespucci, 1454-1512): 이탈리아 해양탐험가이자 지도 제작자. 1497년부터 1504년에 걸쳐 여러 차례 남미를 탐험했다. '아메리카'라는 지명은 그의 이름에서 유래한 것.

손색이 없을 것이라고 말한다. 히슬로데이는 그 제안을 일언지하에 거절한다. 세 사람은 히슬로데이가 왕에게 '봉사'하는 문제를 둘러싸고 논쟁을 벌인다. 히슬로데이는 자기 의견을 확고히 뒷받침할 요량으로 언젠가 영국에서 존 모턴 추기경을 비롯해서 몇몇 사람들과 나눴던 식사자리에서의 대화를 들려준다. 그때 절도범에게 단행되던 교수형 같은 영국의 가혹한 시민 법률이 정의롭지도 않고 범죄 예방에도 보탬이 되지 않는다며 대안을 제시했다가 웃음거리가 되었는데, 모턴 경이 실험 가치가 있는 괜찮은 생각이라고 말하자 그때 가서야 비로소 사람들이 지지를 보내더라는 것. 히슬로데이는 왕은 언제나 자기의 신념이나 정책을 지지해주는 신하들을 기대하게 마련이라면서 그 이야기를 이용해서 왕을 보좌하는 일이 얼마나 무의미한지를 보여준 것이다. 이어 많은 사례를 제시하면서 자신이 전달하고자 하는 이야기의 요점을 계속 들려주는데, 말인즉슨 아무리 좋은 정책을 내놓더라도 세상을 달리 보는 사람들에게는 항상 몰지각하게 보인다는 것. 그리고 유토피아의 정책이 분명 유럽보다 훨씬 우수하지만, 유럽인들은 유토피아 사람들의 가장 중요한 정책인 공유재산제를 비웃을 것이라고 덧붙인다. 모어와 가일즈는 공유재산제가 사유재산제보다 낫다는 말에 동의하지 않는다. 모어는 유토피아 사회에 대해 좀더 자세히 들려달라고 요구한다. 이야기가 길어질 것 같은 생각이 들자 그들은 잠시 점심을 먹으러 간다.

점심을 먹은 후 히슬로데이는 유토피아의 지리와 역사에 대한 설명부터 시작한다. 유토피아를 세운 유토푸스 장군이 어떻게 그 반도를 정복했고, 그 땅을 떼어내 섬을 만들기 위해 어떤 노력을 했는지. 그리고 유토피아 사회에 대한 해설로 옮겨가 이성적 사고방식에 기초한 삶의 모습에 관해 이야기한다. 공동재산제이고, 생산성이 높고, 금은보석에 대한 욕심이 없고, 실질적인 신분 차이와 가난이 없고, 범죄와 비행이 드물고, 종교적 관용이 있으면서 전쟁이 거의 없는 곳. 히슬로데이는 유토피아가 유럽의 어떤 국가보다 훌륭한 사회라고 믿는다.

히슬로데이의 이야기가 끝나자 모어는 세 사람 모두 피곤할 테니 유토피아 사회의 특정한 부분들에 대해서는 자세하게 토론할 수 없을 것 같다고 말한다. 모어는 전쟁을 수행하는 방식, 공동재산에 대한 신념 등의 관습이 불합리해 보인다고 결론지으면서도 몇 가지 생활방식은 영국 사회에도 실제로 적용했으면 좋겠다고 생각한다. 비록 그런 일이 일어나리라고는 믿지 않으면서도.

Part별
정리
노트

Part 1
히슬로데이와 그의 여행

　헨리 8세는 카스티야의 왕 카를로스 1세와 영토문제로 다툼이 생기자 협상을 위해 모어를 비롯한 외교사절단을 파견해 협상을 진행하지만 즉시 타협점을 찾지는 못한다. 양측이 각각 왕으로부터 지시를 기다리며 며칠간 여유를 얻게 되자 모어는 안트베르펜을 방문해 친구인 피터 가일즈와 시간을 보낸다. 어느 날, 가일즈가 수염이 더부룩한 남자와 이야기 나누는 모습을 보게 된 모어는 그가 선장이 틀림없다고 생각한다. 잠시 후, 모어는 가일즈의 소개를 받고 히슬로데이가 세계 여행가라는 사실을 알게 되는데, 선장이라기보다는 철학자에 가까운 인물이었다. 의례적으로 인사를 나눈 그들은 모어의 숙소로 가서 대화를 나누기로 한다.

　히슬로데이가 여행 이야기를 들려준다. 그는 유명한 탐험가 아메리고 베스푸치의 네 차례 항해 가운데 세 차례를 함께했으며, 마지막 항해 때 포르투갈로 귀항하지 않고 몇 몇 선원들과 요새(要塞)에 남았다. 그 후, 그들과 훌륭한 제도를 갖춘 여러 나라를 여행하고 마침내 적도를 건넜다가 다행스럽게 실론(현재의 스리랑카)행 배를 탔고, 다시 어렵지 않게 캘커타를 경유하는 포르투갈행 배에 몸을 실을 수 있게 되었다는 것. 더불어 히슬로데이는 여행을 하면서 예리하게 관찰했던 불합리한 사회제도와 실용적인 사회제도에 관한 이야기도 들려준다. 모어는 독자에게 히슬로데이의 이야기가 모두 흥미롭지만, 유토피아 섬 주민들과 지낸 이야기가 가장 매력적이라고 말한다. 그리고 모어가 독자들에게 들려주려는 이야기가 바로 유토피아 섬에 대한 묘사다. 그러나 본론에 들어가기 전에 모어는 히슬로데이로 하여금 유토피아 사회에 대해 이야기하게끔 만든 그들 사이의 대화를 전하는 것이 중요하다고 밝히고 있다.

토머스 모어는 실제로 스페인과 협상하기 위해 헨리 8세를 대표해 플랑드르(현재의 벨기에)를 여행했다. 또한 피터 가일즈라는 실제 인물 역시 플랑드르에 살고 있었으며, 친구 사이인 두 사람은 함께 시간을 보냈던 것 같다. 그러나 〈유토피아〉의 등장인물인 모어가 묘사하는 사건들은 모두 허구다. 때때로 독자들이 히슬로데이를 실존인물로 오해하지만, 토머스 모어는 자기 이야기의 허구성을 숨기려는 의도는 없었으나 설명 방식은 너무 난해한 느낌이 든다. 히슬로데이는 라틴어는 조금 알고 그리스어는 해박한 사람으로 묘사되는데, 그 이름에 담긴 '허풍쟁이'란 의미를 독자들에게 암시하고자 했던 것 같다. 그리고 히슬로데이가 언급하는 인명과 지명에는 모두 이와 비슷한 실마리가 숨어 있다. 예를 들면, 유토피아(Utopia)는 그리스어로 'Eutopia'(좋은 곳)와 'Outopia'(어디에도 존재하지 않는 곳)란 두 단어를 활용한 말장난이지만, 애석하게도 토머스 모어가 글을 쓰던 당시에는 그리스어를 아는 사람이 드물었다.

〈유토피아〉의 허구적인 구조는 토머스 모어로 하여금 쟁점에 대한 토론을 과장되게 진행할 수 있도록 만들고, 그로 인해 쟁점들을 다각도로 탐구할 수 있게 만든다. 비평가 데이비드 우튼이 언급한 대로, '모어'란 이름이 토머스 모어와 같다는 사실을 비롯해서 〈유토피아〉에서의 '나'에 해당하는 대명사가 '그'라는 것을 언급할 필요가 있다. 이러한 구조를 통해 토머스 모어는 모어가 어쩌면 자신과 같은 견해를 가지고 있으며, ('그'와 '나'로 지칭되는) 히슬로데이 역시 자신의 신념과 이상의 일정 부분을 구현한다고 교묘하게 암시한다. 더 나아가 허구적인 구조는 만약 논픽션 작품 속에서라면 토머스 모어를 난처하게 만들지도 모를 쟁점들을 진지하게 탐구할 수 있도록 해준다. 토머스 모어가 기본적으로 현상유지를 옹호하는 보수적인 등장인물에게 자기 이름을 붙인 것은 우연이 아니다. 가공인물인 모어는 사유재산 철폐와 같은 매우 급진적인 히슬로데이의 제안들을 드러내놓고 반대하면서 토머스 모어에게 일종의 보호막을 제공한다. 동명이인에 의한 견해 차이는 적어도 표면적으로는 토머스 모어 역시 히슬로데이의 주장에 동의하지 않는다는 것을 암시하는 듯하다. 물론, 이것은 사실이 아니지만, 모어의 견해가 히슬로데이와 다르다는 단순한 사실만으로 토머스 모어가 히슬로데이의 견해를 옹호한다고 공격하기는 어렵게 만드는 것.

토머스 모어는 〈유토피아〉 제1부를 두 부분으로 나누어 썼다. 첫 부분은 제2부를 소개하는 내용인 반면, 두 번째 부분은 훨씬 더 복잡하고 모어가 살던 당시의 많은 문제점들을 보여준다. 제1부의 첫 부분은 유토피아에 대한 묘사로 들어가기 전, 모어의 마지막 문장 바로 앞에서 끝났는데, 논쟁을 이끈 세 사람의 대화에 대해 설명하는 것이 필요하다고 생각했기 때문이다.

철학과 왕의 보좌에 대하여

히슬로데이의 여행담을 듣던 모어와 가일즈는 그의 정치적 · 사회적 식견에 깊은 인상을 받고, 그 뛰어난 지식과 이해력을 공익을 위해 사용할 수 있도록 왕의 고문이 되라고 제안한다. 그렇게 하면, 보통 사람들을 비롯해 히슬로데이의 가족과 친구, 그리고 본인에게도 도움을 줄 만한 위치가 되지 않겠냐는 것. 히슬로데이는 개인적인 부나 권력에 대한 욕심이 없으며, 이미 여행을 떠날 때 가족과 친지들에게 자기 재산을 나눠주었기 때문에 더 이상 마음의 빚을 느끼지 않는다며 거부한다. 대중의 은인이 되는 것에 대해서는 왕의 고문이 그런 영향력을 가질 수 있다는 생각을 부정한다. 군주들은 평화보다는 전쟁에 관심이 많고, 자신의 영토를 더 훌륭하게 다스리기 위한 방법을 찾기보다는 새로운 영토를 정복하는 데 몰두하며, 현명하든 않든 총신(寵臣)들의 조언은 항상 경쟁적으로 군주의 비위를 맞추려는 자들의 용인을 받아야 한다고 주장하고, 그런 분위기 속에서라면 이방인의 충고는 아무리 현명하더라도 무시당하고 만다는 것.

　　모어와 히슬로데이가 주고받는 이야기는 상이한 사고 방식들 사이의 갈등으로 보일 수 있다. 히슬로데이는 '철학적 이상인 진리'의 순수성을 고집스레 믿는 반면, 모어는 그런 순수성은 가치가 없으며 심지어 본래의 이상에 대한 타협을 의미한다 할지라도 현실에 잘 적용해 공공의 목적을 위해 활용해야 한다는 실용적인 믿음을 갖고 있다. 이것은 고전적인 정치적·철학적 갈등으로, 적어도 그 뿌리는 플라톤의 이상인 〈국가〉와 공화국은 하나의 국가로서 제 기능을 수행할 수 없다는 아리스토텔레스의 통렬한 반박으로까지 거슬러 올라갈 수 있다.

　　그러나 모어와 히슬로데이의 주장은 모두 토머스 모어의 관점이라고 해석될 수 있다는 것도 기억해야 한다. 왕에게 충성하느냐, 아니면 철학자로 남느냐는 토머스 모어가 끊임없이 고민했던 문제였고, 〈유토피아〉를 집필할 때 왕의 최측근이었던 그가 특히 관심을 가진 의문이었다. 따라서 모어와 히슬로데이의 토론은 토머스 모어가 자신과 가졌던 내적인 논쟁으로 볼 수 있다. 자유로운 상태에서 이상을 추구할 것인가, 아니면 사회적 공리를 위해 그 순수성을 실용적으로 타협할 것인가, 하는 갈등은 토머스 모어의 삶에서 매우 중요한 주제이고, 곧바로 궁극적 이상인 순교를 위해 실용주의를 포기하는 최종 결단으로 이어진다.

영국의 상황

히슬로데이는 왕의 고문이 되고 싶지 않다는 주장을 펼치기 위해 그 실례로서 헨리 7세 재위 시절 대법관인 모턴 경과 함께했던 저녁식사 때의 일화를 들려준다. 그 자리에서 한 법률가가 절도범에 대한 사형제를 지지하는 주장을 펼치면서 그럼에도 절도가 그치지 않고 있다는 사실에 놀라워한다. 히슬로데이는 도둑을 사형으로 벌하는 것은 '정의롭지 못하고 공익을 위해서도 좋지 않다'며 법률가에게 놀랄 필요가 없다고 반박한다. 단순 절도범을 사형시키는 것은 너무 가혹할 뿐만 아니라 범죄예방에도 효과적이지 않다는 것. 사형에 처한다고 해서 달리 먹을 것을 구할 길이 없는 사람들의 도둑질을 막을 수는 없으며, 이 같은 조치는 학생들을 가르치기보다는 매질부터 하려고 드는 선생이나 마찬가지다. 사형보다 훨씬 괜찮은 정책은 그저 모두가 굶주리지 않도록 해주는 것이다. 법률가는 사람들이

의도적으로 도둑이 되려고 하지 않는다면 일을 할 수도 있고, 농사를 지을 수도 있는 것이라며 반박한다. 히슬로데이는 그 말을 받아들이지 않고 끊임없이 도둑들을 양산하는 수많은 사회적 · 정치적 · 경제적 현실을 설명한다. 첫째, 전쟁을 대비하기 위해 유지하는 상비군들이 먹고 살기가 힘들어지면 꽤 괜찮은 냉혹한 도둑이 된다. 둘째, 착취에 열을 올리는 귀족들은 농민들이 도둑질을 하지 않고는 살아남을 수 없게 만든다. 마지막으로 경작지를 사유 목초지로 바꾸는 '인클로저 운동'이 농민들로부터 생계수단을 빼앗고 빵과 양모를 과점해서 값을 치솟게 만든다. 간단히 말해, 영국 사회는 '도둑을 만들어놓고 나서, 도둑이 되었다고 처벌하는' 짓을 하고 있다.

그 말을 들은 법률가가 무의미하고 멍청한 답변을 시작하자 모턴 경이 제지하고 나서면서 히슬로데이에게 절도를 사형으로 처벌해서는 안 되는 이유와 사형보다 더 적절한 처벌이 무엇인지 묻는다. 히슬로데이의 대답. 극단적인 정의는 극단적인 불의이며, 하느님은 인간에게 '살인하지 말라'고 말씀하셨다. 더군다나 자기 목숨을 끊는 것도 금하셨다. 그런데 돈 몇 푼 훔쳤다고 사람을 죽인다면 하느님의 법보다 인간의 법을 우선시하는 것이므로 명백한 신성모독이다. 또한 도둑질과 살인을 똑같이 처벌하는 것도 분명히 바보짓이다. 도둑이 범죄를 감추려고 살인하는 것을 막을 수 없기 때문이다. 히슬로데이는 도둑을 효과적으로 처벌하는 수단들을 서술하면서, 폴릴레리트인을 예로 든다. 그들은 도둑들에게 훔친 물건들을 (왕이 아닌) 피해자들에게 돌려주도록 하고, 만일 훔친 물건이 없어지면 그의 재산에서 변상케 하고 남은 재산은 그의 가족에게 넘겨주며 본인은 중노동에 처하지만, 감옥에 가두지 않고 자유롭게 공공근로를 하게 한다. 저녁점호를 마치면 일정한 숙소에 갇히고 항상 일해야 하는 것을 제외하면 일반인과 다를 바 없다. 만약 다시 범죄를 저지르면, 사형에 처한다. 이 형벌체계는 '범죄자 처벌이 아니라 범죄 근절에 초점이 맞춰져 있다'.

　　법률가는 폴릴레리트인들의 정책은 영국에 적용될 수 없으며, 만약 그렇게 되면 사회가 큰 혼란에 빠질 것이라고 주장한다. 다른 참석자들도 모두 그 의견에 동의한다. 추기경은 그 정책을 무턱대고 영국에 적용하면 어떻게 작동할지 그 결과를 알 수 없으므로 사형선고가 내려진 후에 집행을 잠시 유예하고 이 제도를 한 번 시험한 다음, 효과적이라고 판명될 경우에 국왕이 법으로 확정해도 괜찮을 것이라며 긍정적인 결론을 내린다. 그러자 조금 전만 해도 히슬로데이의 견해에 경멸적인 태도를 보이던 사람들이 동의하고 찬사를 보내기 시작한다.

히슬로데이가 묘사하는 모턴 추기경과의 저녁식사 자리는 많은 의미를 내포하고 있다. 첫째, 궁정에서 자신의 견해가 진실이나 합리성보다는 부와 권력에 더 관심이 많은 고문들에 의해 판단될 것이라는 히슬로데이의 주장을 입증한다.

둘째, (토머스 모어가 가진 여러 가지 직업 가운데 하나지만, 그의 유토피아에서는 존재하지 않는) 법률가들에 대한 냉소적인 공격이고, 더 넓게 보자면, 토론 주제에 대해서는 합리적으로 생각하지도 않고 자기 말만 들으라고 우기는 사람들에 대한 공격이다. 오만하고 내실이 없는 법률가는 그런 인간을 희화한 모습이고, 히슬로데이, 모턴, 그리고 토머스 모어 경에게 조롱의 대상이 된다.

셋째, 저녁식사 장면은 토머스 모어에게 절도범에 대한 사형과 인클로저 운동의 착취적인 본질 등, 당시 영국이 처해 있던 사회 문제들을 논의할 기회를 제공한다. 히슬로데이는 종교적·세속적 근거를 내세워 사형 제도를 비난하고 있으며, 그 제도가 비도덕적일 뿐만 아니라 비효율적이란 주장이 매우 설득력이 있기 때문에 영국 전역에서 자행되는 사형을 비난하는 근거가 된다.

끝으로, 사회란 얽히고설킨 인과관계의 구조라는 히슬

로데이의 표현을 통해 토머스 모어는 사회이론가로서의 생동감 넘치는 독창성과 중요성을 여실히 보여준다. 사회의 부와 권력구조에 의해 개인들의 행동이 야기된다는 생각은 당시로서는 놀라운 통찰력이었다. 예를 들면, 당시에는 개개인의 사회적·정치적 지위는 전능한 신의 계획에 따라 불변의 속성을 갖고 유지된다는 '존재의 대사슬(Great Chain of Being)'이란 사회 관념을 믿는 사람들이 여전히 많았다.

바보와 탁발수사

이제 히슬로데이는 모턴 추기경과의 식사 자리를 언급하면서 '어리석은'이란 표현을 사용하기에 이른다. 말할 가치가 있는지 모르겠으나 주제와 관련이 있기 때문에 들려주겠다는 것.

히슬로데이가 이야기를 마치자 누군가가 나서서 범죄자와 부랑자들을 다루는 방안에 대해 이야기했으니, 종종 거지 신세로 전락하게 되는 노인들과 병자들은 어떻게 처리해야 하느냐고 묻는다. 바보 흉내를 잘 내서 히슬로데이가 '바보'라고 부르는 사내가 그 문제의 해결책을 제시한다. 자기 같으면, 그들을 모두 베네딕트 수도원으로 보내 남자들은 '수사(修士)'로, 여자들은 수녀로 만드는 법을 제정하겠다는 것. 모턴 추기경은 그 말을 농담으로 흘려들었지만, 다른 사람들은 아주 진지하게 받아들인다. 그 자리에 있던 탁발수사가 탁발수사들이 존재하는 한 구걸행위는 없어지지 않을 것이라며, 그들이 수도회를 위해 구걸로 돈을 모은다는 사실을 언급한다. 바보가 탁발수사들은 부랑자로 체포해서 노역을 시켜야 한다는 해결책을 이미 추기경이 제시했다고 답하자 격노한 탁발수사가 성서를 인용하여 광대에게 저주를 퍼부으며 파문시키겠다고 위협한다. 모턴 추기경은 광대에게 눈짓으로 그 자리를 떠나게 해서 상황을 진정시키고 탄원자를 만나기 위해 자리를 뜬다.

히슬로데이는 모어와 가일즈에게 이야기가 너무 길어졌다고 사과하면서도 자기 견해를 멸시하던 사람들이 추기경이 관심을 보이자 찬성해 버리는 상황을 보여주고 싶어 어쩔 수 없었노라고 말한다. 사실, 바보의 말조차 아주 중요한 제안인 양 환호했을 정도로 아첨을 잘하는 사람들이 만약 그가 군주의 고문이 되었을 때, 그의 의견을 어느 만큼이나 소중하게 받아들이겠냐는 것.

바보와 탁발수사에 관한 이야기가 지닌 의미는 확실하지 않다. 히슬로데이도 자신이 왜 그 이야기를 하는지 모르겠다고 말한다. 그러나 결국은 그 이야기가 사람들이 제시된 제안의 장점보다는 전적으로 권력자의 의중에 대응해서 판단한다는 사실을 보여주는 것이라고 주장한다. 그렇다면, 판단이란 합리적인 사고 과정이 아니라 남의 비위를 맞추는 수단에 불과하다. 이 이야기는 판단이 어떻게 내려지는가에 대한 사례라고 할 수 있지만, 모턴 추기경이 승인하기 전과 후의 반응을 자세히 기술한 앞의 이야기('영국의 상황'에서 언급한 이야기)가 훨씬 설득력 있는 사례였고, 더 이상의 설명은 필요 없었다.

두 번째는 데이비드 우튼의 해석인데, 바보는 세속적인 모어와 철학적인 히슬로데이 사이에서 제3의 대안을 제시해 준다는 주장이다. 이를테면, 바보는 에라스무스가 〈우신예찬〉에서 맨 먼저 표현한 인문주의적 사고의 명확한 개념인 '기독교도의 어리석음'을 나타낸다는 것. '기독교도의 어리석음'은 지혜나 지성과는 무관하게 기독교 율법에 따라 행동하는 인간은 어리석게 행동하듯 보일 것이란 생각이고, 권력자들이 그 어떤 주장을 펼치든 기독교가 유럽 문화 전반에 제대로 접목되지 못했다는 주장이다. 이런 생각에서 바보는 농담을 좋아하고 사회의 모순을 조롱하지만, 짐짓 정중하게 다루어진다. 우튼의 말에 의하면, 바보라는 형태로 '기독교도의 어리석음'을 끄집어낸 것은 〈유토피아〉의 독자들에게 현실 세계는 결코 완벽할 수 없고 유토피아는 상상 속의 허구인 반면, 하느님의 왕국은 실재하고 곧 도래한다는 점을 상기시켜준다. 〈유토피아〉는 사회개혁을 옹호하는 책이지만, 그 속에 아주 깊숙이 담긴 희망은 여전히 종교적이다. 우튼의 주장은 원문 분석에서는 설득력이 있다고 해도, 대다수 현대 독자들이 잘 모르는 인문주의적 지식체계의 이해에 의거한다는 단순한 이유 때문에 제대로 파악하기 어려울 수도 있다. '기독교도의 어리석음'이란 개념을 좀더 잘 이해하기 위해서는 〈우신예찬〉을 참고하면 좋을 듯.

또 다른 견해 차이들

: 요점정리

　모어는 히슬로데이가 이야기를 통해 보여준 통찰력은 왕의 고문으로서 아주 훌륭한 일을 해낼 수 있다는 점을 역력히 드러낸 것이라고 말한다. 히슬로데이는 또다시 동의하지 않으면서, 왕이 철학자가 되어야 한다는 플라톤의 예언이 실현되기까지는 그 어떤 왕도 철학자들의 조언을 따르지 않을 것이라고 말한다.

히슬로데이는 자신이 프랑스 궁정에서 고문으로 일한다는 가정 하에 왕이 주재하는 비밀 전략회의를 사례로 든다. 그 회의는 밀라노를 계속 통치하고 나폴리 주변지역을 회복하고 싶어하는 왕에게 신하들이 묘책을 제시하는 자리다. 히슬로데이는 해당 국가들 상호간의 반목 조장과 이런저런 비밀조약들을 포함해 그들이 내놓은 여러 가지 꼼수를 서술한 다음, 자기는 프랑스만 해도 잘 다스리기에는 너무 큰 나라이니 영토 확장은 꿈도 꾸지 말라는 제안을 하겠노라고 말하고, 이런 주장을 다른 신하들이 어떻게 생각하겠느냐고 질문한다. 모어는 좋게 받아들여지지 않을 것이라고 답한다. 히슬로데이는 왕과 고문들이 왕의 금고를 채우기 위한 방안을 논의하는 또 다른 상황을 설정하고는 고문들이 화폐 가치를 가지고 장난을 치자는 둥, 전쟁을 일으키는 척해서 세금을 걷자는 둥, 아니면 낡은 법을 되살려 위반자들에게 벌금을 부과하자는 등의 방안을 제시할 경우, 자기가 그 모든 정책이 아무리 정교해도 이면에 깔린 가설들이 그릇되었기 때문에 결국 왕의 명예를 더럽히며 재난을 가져올 것이고, 왕의 안전은 왕의 재산이 아니라 백성들의 재산에 달려 있다고 주장한다면 어떤 반응을 보일지 궁금하다고 말한다. 만약 "왕은 자신의 이해관계가 아니라 백성의 이해관계에 따라 통치해야 한다"고 설명했다면 어떻게 되었겠냐는 것.

모어는 또 다시 히슬로데이의 조언이 받아들여지지 않을 것이라고 인정하면서도 그의 견해가 잘못되었다고 대답한다. 정반대 의견에 확신을 가진 사람들에게는 새로운 생각을 제시한들 받아들여지지 않을 것이고, '시간과 공간을 고려하지 않은 상아탑 속의 이론'에 몰두하기보다는 정치에 더욱 부합하고 처해진 환경에 적응해서 할일을 제대로 수행하려고 노력하는 다른 형태의 철학을 선택해야 한다는 것이다.

히슬로데이는 진실을 이야기해야 한다면 자기 방식대로 해야 하고, 현실에 타협하는 철학을 받아들이는 것은 거짓말을 하는 것과 같다며 그렇게 할 수 없다고 대답한다. 만약 인간의 사악한 관습에 어울리지 않는 모든 정책이나 생각을 억압해야 한다면, 예수의 가르침이 자기 이야기보다 훨씬 더 인류의 관습과 다르기 때문에 역시 억압해야겠지만 교묘한 설교자들은 사실상 그 가르침을 사람들 입맛에 맞게 변형시켜 결국 좀더 편안한 마음으로 악한 짓을 하도록 만들었을 뿐이라는 것. 히슬로데이는 자신이 왕의 고문으로서 할 수 있는 일은 별로 없다고 역설한다. 다른 고

문들의 정책을 반대하면 무시당할 테고, 동의하면 우스꽝
스런 현재 상태를 도와주는 꼴이 될 뿐.

　모어와 히슬로데이가 나누는 논의에는 두 가지 목적이
있다. 히슬로데이가 제공한 사례들은 유럽의 정치관행에 대
한 해설과 비판이다. 모어가 동의하지 않는다는 사실을 통
해 유럽 정치의 생생한 전형으로서 입증되고 있는 그 사례
들은 개인적 탐욕과 오만이 얼마만큼 정치를 뒤틀리게 하
는지를 잘 드러내준다. 통치가 잘 되어 모든 백성이 복되게
사는 나라를 만들기 위해 의도된 조언이 어떤 식으로 취급
받는지를 보여줌으로써 유럽 정치의 극단적인 타락과 비합
리성을 드러내고, 더 나아가 탐욕과 돈을 강조함으로써 이
기독교 사회들이 사실상 기독교 교리와 거의 닮은 점이 없
다는 사실을 보여준다. 그리고 이어 유토피아 사람들은 그
러한 일이 일어나지 않도록 어떻게 하는지를 구체적으로
설명함으로써 곧 기독교적 가치로부터 유럽 사회의 타락이
라는 주제로 발전시킬 것이다.

　그 논의는 세속적 실용주의자 모어와 이상주의 철학자
히슬로데이의 관계도 상세하게 설명한다. 히슬로데이는 자
신의 제안들이 합리적이고 유익해도 받아들여지지 않을 것

이므로 왕의 고문이 되어도 별 볼일 없다고 주장한다. 반면, 모어는 비록 그 이상이 받아들여지지 않더라도 사회에 보탬이 되는 변화를 일으킬 수 있는 유일한 방법은 권력기관과의 상호작용과 단계적인 타협을 통하는 것이라고 주장한다. 양측 모두 나름대로의 논리적 근거가 있지만, 무엇보다 분명한 것은 그 누구도 상대방에게 자신의 입장을 이해시키지 못한다는 점이다. 두 사람이 진지하게 제시하는 별개의 대안들은 타협의 여지가 거의 없다. 한쪽의 대안을 선택하면 다른 쪽 대안을 반대하는 선택이 되고 마는 것.

공유재산

히슬로데이는 사유재산 개념이 폐지되고 공유재산이 확립되기 전까지는 정의롭고 번영을 가져다줄 자신의 제안이 결코 받아들여지지 않을 것이란 견해를 피력한다. 재산이 소수의 사람들에게만 한정되어 있으면 어느 누구도 행복할 수 없다. 다수의 사람들을 훨씬 더 비참하게 만들고, 재산을 가진 소수도 결국 불만을 품은 대중들을 두려워하게 되기 때문. 히슬로데이는 〈국가〉에서 이상사회의 기초로서 공유재산제를 주장한 플라톤의 이름을 환기시킨다. 모든 사람이 복리를 누리는 유일한 길은 재화의 완전한 균등분배뿐이란 사실을 파악한 인물이 플라톤었다는 것.

모어는 공유재산제를 시행하는 국가는 결코 번영할 수 없다며 반대한다. 다른 사람들의 노동에 의해서도 먹고살 수 있기 때문에 일하려고 들지 않을 테니 잘살 수 없고, 열심히 노력해도 사유재산을 보장받지 못한다면 권위에 대한 존경과 복종이 모두 사라져 유혈충돌과 갈등만 증폭되리란 것이다.

히슬로데이는 모어가 그런 관례와 관습이 살아 있는 사회를 보지 못했기 때문에 그렇게 생각하는 것이라고 응수하고, 자기는 유토피아에서 살면서 공유재산제가 실천되는 모습을 직접 보았다며 그 나라가 사회악을 치유하기 위해 투입하는 노력을 설명해 준다. 그리고 그곳의 기술력을 서술하면서 (1,200년 전) 이집트인과 로마인 선원들이 타고 있던 배 한 척이 폭풍우로 인해 그 섬에 난파되자 그 단 한 번의 기회를 놓치지 않고 이집트와 로마라는 거대 제국의 기술들을 사실상 모두 받아들였다며, 유럽인들이 훨씬 우수한 유토피아의 관행을 배우려면 꽤 오랜 시간이 걸릴 것이고, 유토피아 사람들보다 지능이 낮지는 않지만 배우려는 열정이 부족해서 통치력도 떨어지고 행복하게 살지 못하는 것이라고 덧붙인다.

모어와 가일즈가 유토피아 섬에 대해 가능한 한 많이 이야기해 달라고 요청하자 히슬로데이는 그러마고 한다. 이야기를 본격적으로 시작하기 전에 세 사람은 잠시 휴식을 취하고 점심을 먹기로 한다.

〈유토피아〉의 핵심 논점 가운데 하나인 공유재산과 사유재산을 둘러싼 논쟁이 제1부와 제2부를 연결하는 방편이 되는 것은 놀라운 일이 아니다. 모어가 공유재산이라는 사회적 장치와 인간 본성이 양립할 수 없다는 점을 강조하면서 내보이는 공유재산제에 대한 부정적 반응은 전형적으로 아리스토텔레스학파의 추종자답고, 오늘날에도 사회주의와 공산주의 사회 형태를 비판할 때 널리 활용된다. 그러나 〈유토피아〉는 아주 분명하게 히슬로데이의 주장에 동의하고, 바로 이 점 때문에 오랫동안 마르크스주의 비평가들이 선호하는 글로 남아 있지만, 히슬로데이(그리고 토머스 모어)가 공유재산을 옹호하는 본질적인 이유는 종교적인 것이기 때문에 마르크스주의가 신봉하는 무신론적이고 경제적인 토대와는 전혀 다르다. 그렇다고 해서 공유재산에 관한 이들 두 개념이 전혀 다르다는 뜻은 아니고, 양쪽 모두 착취

철폐가 목표지만 그 이면에 깔린 기초는 매우 상이한 원천에서 출발한다는 것이다. 재산 공유는 예수가 사도들에게 따르라고 가르친 삶의 방식이고, 히슬로데이는 그 계율로부터 오만, 탐욕, 빈곤, 부조리, 그리고 가난한 자에 대한 부자의 착취를 줄이는 등의 상응하는 미덕들이 많이 넘쳐 나온다고 생각한다. 공유재산이 그 같은 사회적 변화의 바탕이 되는 방식들은 이후에 서술된다.

유토피아 사람들이 난파선의 고대 이집트인들과 로마인들로부터 우연히 기술을 익혔다는 내용에는 진보 수단으로서의 기술과 기술 혁신에 대한 믿음이란 〈유토피아〉의 두 번째 주제가 들어 있다. 그러한 관념은 부분적으로는 근대성의 바탕이지만, 이제 막 로마보다 앞선 기술 혁신이 이루어지기 시작하던 유럽에서는 매우 생소한 것이었다. 당시의 사회는 기술에 대한 확신이 없었고, 기술이 가져다주는 진보가 영원할 것이라고 믿지도 않았다. 그러나 유토피아 사람들은 그런 의심이 없고, 새로운 기술을 접할 때마다 단순히 활용하는 데 그치지 않고 그 바탕이 되는 기법을 습득한다. 그들에게 기술이란 더 나은 삶의 수단인 것.

Part 2
유토피아의 지리와 역사

유토피아 섬은 초승달처럼 생겼고, 두 끝 사이로 바닷물이 들어와 광대한 만(灣)을 형성한다. 그리고 양쪽 끝의 육지가 대양과 바람으로부터 섬을 보호해 주기 때문에 언제나 호수처럼 잔잔한 만은 거대한 항구 역할을 한다. 만의 입구는 사주(砂洲)와 암초들로 인해 매우 위험하며, 그 위치는 유토피아 사람들만 알고 있다. 따라서 유토피아 사람들이 배로 국내를 여행하기는 쉽지만, 외침이나 외부와의 원치 않는 접촉은 피할 수 있다.

유토피아의 역사에 의하면, 한때 아브락사라고 불렸으며, 미개하고 거친 원주민들이 살고 있었던 그곳은 지협(地峽)에 의해 대륙과 연결되어 있었으나 정복자 유토푸스 장군이 군대와 원주민들을 시켜 해협을 만들면서 섬이 되었다. 해협 건설은 원주민들의 충성과 노력을 이끌어낸 덕분에 단기간에 이루어졌다.(유토피아는 유토푸스의 이름에서

따온 것.)

이 섬에는 54개의 도시가 있으며, 언어, 법률, 관습, 제도가 똑같다. 도시와 도시 사이는 하루에 걸어갈 수 있을 만한 거리다. 섬 중앙에 위치한 '아마우로테' 시는 단지 다른 도시들로부터 접근이 가장 편리하다는 이유로 수도 기능을 한다. 매년, 각 도시의 대표가 세 명씩 이곳에 모여 주요 국사를 논한다.

제2부는 유토피아 사회의 다양한 측면을 독자들에게 직접 전달한다. 그러나 이 이야기가 허구적인 틀 속에 존재한다는 점을 기억하는 것이 중요하다. 제2부는 사실상 히슬로데이가 묘사한 유토피아를 모어가 풀어서 설명하고 있다. 그런데 저자 토머스 모어와 화자 히슬로데이 사이에는 히슬로데이의 좀더 급진적인 제안들에 동의하지 않는 등장인물 모어에 의해 조정되는 가상적인 두 단계의 간격이 존재한다.

히슬로데이는 유토피아의 지리와 역사 이야기부터 시작하는데, 이상사회가 될 수밖에 없는 완벽한 조건을 갖추고 있다. 원하는 만큼 격리된 곳에 위치한 섬이고, 자기들 입맛대로 외부 세계와 교류한다. 그 어떤 외부의 자원도 필요 없고, 어떠한 적의 공격도 간단히 물리칠 수 있다. 땅이 기름져 잉여농산물을 교역하고, 나라 안에서는 상품이든 사람이든 쉽게 오갈 수 있다. 유토푸스 장군의 일화는 유토피아의 더 바랄 것 없는 지리적 조건에 대한 정보를 알려준다. 1,200년 전 본토로부터 떼어내 건설한 섬이라는 것. 유토푸스는 그 지역을 정복하고 단기간에 지금 유토피아 사회의 근간을 세웠다. 그 후, 유토피아는 인류 역사에 존재하는 그 어떤 국가와도 비교할 수 없는 방식으로 발전했다. 그곳의 지리와 역사는 이상적이라고 묘사할 수밖에 없다. 이상사회는 이상적인 환경에서만 나올 수 있다는 인식 속에는 본래부터 이상적이지 않은 세상에는 히슬로데이의 '상아탑 이론'이 아무런 영향도 미칠 수 없다는 모어의 비판이 내포되어 있다. 토머스 모어는 유토피아라는 이상사회를 다른 국가들이 모방할 수 있는 실제 가능성으로서 제시한 것이 아니고, 유토피아를 허구적인 틀 안에서만 묘사함으로써 그것을 시인하고 있다. 유토피아는 이상적일지 모르지만, 〈유토피아〉의 구조에서는 그 이상은 결코 달성될 수 없으며, 대신에 척도로서만 활용될 수 있다는 생각인 것.

도시 묘사를 통해 소개하는 유토피아의 삶에서 알 수 있는 보편적인 사실은 동질성이다. 유토피아에서는 모든 것이 최대한 유사하다. 히슬로데이에 의하면, 도시들은 하나의 계획안에 의해 건설되었기 때문에 지리적 여건에 따라 다소 차이는 있겠지만 주민 수, 건축양식, 도시의 배치와 설계, 관습 등이 사실상 똑같다. 이러한 동일성이란 주제가 유토피아 문학작품과 디스토피아 문학작품에서 어떻게 이해되는지 살펴보면 매우 재미나다. 조지 오웰의 〈1984년〉과 올더스 헉슬리의 〈멋진 신세계〉를 예로 들면, 전자는 동질성 속에서 도의적인 부정(不正)의 종말을 본 것에 반해, 후자는 창조성, 자기표현, 개인적 자율의 종말을 보았다. 비록 〈유토피아〉에서 본격적으로 다루어지는 주제라기보다는 접점이지만, 모어가 합리적인 공동체를 동질적 공동체가 되는 것이라고 상상한다는 점은 매우 흥미롭다. 그 결과, 그러한 관념은 모든 합리적 사고방식은 똑같은 방향, 똑같은 불변의 진리를 향해 선도한다고 규정하고, 더 나아가 사회이론에 관해서는 유일하고 명확한 진리를 발견해야 한다고 단정한다.

농업, 도시, 정부

：요점정리

각 도시는 할당받은 농지에 둘러싸여 있고, 각 도시의

주민들은 번갈아 그곳으로 가서 2년 동안 농사를 지으며 생활한다. 도시 사람들은 지주가 아니라 단지 관리인이라고 생각하기 때문에 절대로 땅을 더 넓히려고 하지 않는다. 초과 생산된 농축산물이 생기면 아무런 대가 없이 이웃에 나눠주고, 이웃들 역시 마찬가지다. 농촌에서 생산할 수 없는 필수품은 도시 관리들에게 요청해서 곧바로 얻는다. 수확기가 되면, 필요한 만큼의 도시 사람들이 일손을 도우러 농촌으로 간다. 수확은 보통 하루 정도에 끝난다.

도시들은 지리적 위치와 지형에 따른 차이밖에는 없기 때문에 하나의 도시를 알면 나머지 도시들도 모두 알게 된다. 히슬로데이는 수도인 아마우로테를 통해 유토피아의 도시들을 설명한다. 나직한 언덕 중턱부터 그 아래 강변을 따라 펼쳐져 있는 아마우로테 시는 정사각형에 가깝다. 시 위쪽의 멀리 떨어진 샘에서 발원한 강은 하류로 가면서 폭이 넓어져 바다와 만난다. 강의 다리는 바다에서 가장 멀리 떨어진 곳에 있기 때문에 배들이 아무런 방해를 받지 않고 강안쪽의 모든 부두에 드나들 수 있다. 도시 한복판을 가로지르는 또 다른 강줄기의 발원지에는 성벽을 쌓아 마실 물을 안전하게 확보하고 있다. 이 물은 토관을 통해 공급된다.

그 도시는 높고 두터운 성벽으로 둘러싸여 있다. 거리는 교통이 원활하고 바람을 잘 막도록 설계되어 있다. 건물들의 규모는 웅장하고, 집들은 거리를 향해 마주보고 늘어서 있다. 집집마다 거리로 나가는 앞문과 정원으로 통하는 뒷문이 있고, 모두 열려 있다. 이를테면, 사유공간이 없는 셈. 3층인 집의 앞면은 벽돌이나 돌을 사용했고 평평한 지붕에는 회반죽을 발라 아주 잘 지어놓았다.

매년 30가구당 한 명씩 '필라르크'라는 관리를 선출한다. 열 명의 필라르크는 고위 관리인 '선임 필라르크'의 지휘 하에 움직인다. 선임 필라르크들은 그들이 선출한 행정관이 주재하는 위원회에 모여 회의를 한다. 공무에 관한 결정은 사흘 후에 내리는 것이 규칙이고, 위원회 밖에서 공무를 논의하는 것은 사형에 해당되는 중죄다. 반정부 음모를 꾸미거나 시민을 노예화하려는 것을 막기 위한 조치다. 그리고 지나치게 서둘러 잘못된 결정을 내리는 위험을 차단하기 위해 위원회에 제기된 안건은 다음 회의에서 논의한다.

공동영농은 당시로서는 여러 가지 이유에서 가히 혁명적인 사고방식이었다. 영국과 유럽에서는 농사란 가난한 자들의 일이었고 부와 사회적 지위를 지닌 자들은 천시했지만, 유토피아에서는 그러한 계급차별이 무너졌다. 살아가면서 누구나 반드시 해야 할 일이 되고, 좋지 못한 인식도 사라진 것. "유토피아 사람들은 땅을 소유보다는 일하는 곳으로 생각한다"는 말은 히슬로데이가 제1부에서 공격한 인클로저 운동을 가리키는 것이 분명하다. 인클로저 운동은 양모와 농산물 시장을 과점 형태로 변형시켜 가격을 폭등시켰고 소지주들의 생계수단을 박탈했다. 그 문제에 관해 유토피아의 농업은 시장체계에 의해 작동하지 않는다. 잉여 농축산물을 팔지 않고 필요로 하는 곳에 무료로 넘겨주는 것. 이러한 농업정책에서 볼 수 있듯이 간단히 말해 유토피아에는 시장과 돈이란 경제구조가 존재하지 않는다. 앞에서 모어는 시장에 의해 자극을 받는 경쟁이 없으면 유토피아의 생산성은 시장경제의 생산성에 필적할 수 없을 것이라고 주장했다. 히슬로데이의 대답은 나중에 유토피아에 대한 설명에서 나타난다.

아마우로테는 런던과 흡사하게 설계되어 있다. 조수(潮水)의 영향을 받는 아마우로테의 강은 템스 강과 비슷하며, 두 강에는 배들이 자유롭게 드나들 수 있도록 부두를 많이 마련하기 위해 바다에서 최대한 먼 지점에 다리를 놓았다. 토머스 모어는 아마우로테와 런던의 유사점을 분명히 알고 있었으며, 의도적으로 유사하게 만들어 독자들의 마음속에서 두 도시가 비교되기를 바랐던 것이 아닌가 하는 생각이 든다. 히슬로데이가 묘사한 유토피아 도시들의 건물들은 토머스 모어가 〈유토피아〉를 집필했고 일부 무대로 삼았던 플랑드르의 도시들과 그다지 다르지 않았다는 점을 주목해

야 한다. 당시 이 도시들을 여행한 사람들은 종종 그 청결
함과 건물의 우수성에 놀라움을 금치 못했다. 유토피아의
몇몇 측면들은 결함투성이인 이 세계에서도 이룰 수 있고,
어쩌면 결국은 히슬로데이에게 했던 모어의 주장이 옳을지
도 모른다는 가능성을 암시한다는 점에서 흥미롭다.

유토피아의 정치는 자유와 억압이 기묘하게 혼합되어
있는 것 같다. 유토피아는 민주주의 정부를 채택하고, 직접
선출한 두 계층의 관리가 국민을 대표하며, 하급 관리들이
선임 관리들을 선출한다. 위원회 밖에서의 정치적 논의를
폐지하고 위반자는 사형에 처한다는 규칙은 지나치게 억압
적인 것처럼 보이지만, 모든 시민들이 동등하게 적용받는다
는 의미에서는 공평한 억압이다. 따라서 부자와 권력자들
이 가난한 자와 약자들을 짓눌렀던 당시 유럽의 억압과는
전혀 다르다. 유토피아는 비록 법 자체가 오늘날 독자들에
게 너무 지나치다는 인상을 줄지언정 그 법의 지배하에 작
동하고, 모든 시민은 복종해야 한다.

히슬로데이는 사적 공간이 없는 것은 친목을 도모하고
비열한 행위와 험담을 잠재우는 훌륭한 생각이라고 떠들지
만, 달리 보면 사생활과 자율성의 상실을 의미한다. 유토피
아는 〈1984년〉에 등장하는 끔찍한 세계처럼 모든 사람들이
서로 감시하는 사회다. 세상에는 어떤 사람의 '유토피아'와
다른 사람의 '디스토피아'가 거의 구별되지 않는 상황이 종

종 발생한다.

직업, 작업량, 생산성

유토피아 사람들은 모두 농사를 짓는다. 어릴 때부터 학교에서는 농업이론을 배우고, 들에 나가 실습을 하게 되어 있는 것.

농사일 외에 남녀불문하고 모두 각기 직업을 갖고 있다. 가장 일반적인 직업은 직물, 석공, 철공, 목공 등이다. 하는 일에 남녀 구분은 없지만, 여자는 비교적 힘이 덜 드는 양모나 삼베 짜는 일을 한다. 사내아이들은 주로 아버지가 하는 일을 배우지만, 아버지와 다른 직업을 갖고자 한다면 얼마든지 조정이 가능하다.(원하는 직종에 종사하는 사람 집에 양자로 맡기는 것.) 한 가지 직종의 일을 배우고 나서 다시 다른 일을 배우려면 허가를 받아야 하고, 시에서 그 가운데 특별히 한쪽을 더 필요로 하는 경우가 아니라면 자기가 좋아하는 일을 하게 된다. 반면, 맡은 일을 열심히 하지 않고 빈둥거리는 사람은 처벌을 받는다.

그러나 유럽 사회들처럼 매일 이른 아침부터 밤늦게까지 짐승처럼 혹사당하지는 않는다. 하루 24시간 가운데 오전과 오후 각 3시간씩 6시간 일하고, 중간에 2시간 정도 점심시간을 갖는다. 저녁식사를 마치면 여덟 시쯤 잠자리에 들어 8시간 동안 취침한다. 나머지 시간은 술을 마시며 떠들거나 게으름을 피우지 않는 한, 얼마든지 자유롭게 보낼 수 있다. 대부분의 사람들은 자유 시간에 지적인 활동을 추구하지만, 음악을 감상하고, 정원을 가꾸고, 체육 활동도 한다. 지적 활동에 특별한 애정과 소질을 보이는 사람들은 일찍 발탁되고 연구에 매진하는 한, 육체노동에서 제외시킨다. 만약 일반 시민도 여가활동을 하다가 훌륭한 성과를 올리면 노동을 면제받고 학자가 될 수 있다.

유토피아 사람들은 짧은 시간만 일을 해도 물품이 부족해서 고생하지 않는다. 그러나 유럽 사람들은 아주 오랜 시간 일하지만, 인구의 절반을 차지하는 여성을 비롯해서 사제, 신사와 귀족, 그들의 하인들, 거지들처럼 전혀 일을 하지 않는 사람들의 비율이 너무 높은 것이 문제다. 또한 유토피아 사람들은 유럽 사람들처럼 건물을 짓고는 폐허가 되도록 방치했다가 다시 짓는 일에 비용이나 힘을 허비하지 않고 정성스레 건물을 유지하며, 일반적으로 허영심이 없고 유행보다는 실용성을 더 따지기 때문에 제품을 만들기가 쉽다. 이러한 모든 요인들이 결합되어 유토피아 사회는 유럽 국가들보다 일하는 시간은 상대적으로 짧더라도 생필품과 여타 물품의 생산성은 훨씬 높다.

오늘날의 독자들은 유토피아 사람들이 선택하는 직업의 폭이 너무 좁다고 생각할지 모른다. 그러나 16세기 유럽인들과 비교하면 결코 그렇지 않다. 사실, 유럽 귀족은 유토피아 사람들에 비해 자유로워서 시를 쓰거나 누워서 무화과 열매나 먹으며 빈둥거릴 수도 있었지만, 하층 계급 사람들은 직업 선택의 여지가 전혀 없었다. 만약 농사를 짓는 부모에게서 태어났다면, 자식 또한 그 땅에서 농사를 지어야 했다. 따라서 유토피아에서 모든 시민들에게 순전히 각자의 관심에 따라 직업을 추구할 수 있도록 허용했다는 사실은 매우 기발한 착상이었다.

히슬로데이는 시장에 기초한 경제가 어째서 유토피아의 비시장적인 공동경제보다 훨씬 비생산적인지를 설명한다. 시장에 기초한 경제에서는 개개인들이 경쟁자를 물리치기 위해 아주 장시간 일을 하기 때문에 당연히 보통 유토피아 노동자들보다 생산성이 높지만, 귀족에서부터 거지에 이르기까지 무위도식하는 인구가 너무 많기 때문에 전체적으로 보면 그다지 생산성이 높지 않다. 반면, 유토피아에서는 생산성이 특출 나게 높은 사람은 없어도 모두들 대동소이하다는 것. "그저 다른 사람들의 노동에 의해서도 먹고살 수 있는 공유사회라면 그 누가 굳이 열심히 일하려고 들겠는가?"라는 모어의 말에 대해서는 유토피아 법률은 게으르고 빈둥거리는 사람들을 처벌한다고 답한다. 그러나 그 법률에는 다시 오늘날 대다수 독자들이 불쾌하게 여길 만한 억압이 내포되어 있는 듯하다. 그러한 법률의 필요성을 시인한 것은 유토피아 사회가 인간의 본성에 결함이 있다고 인정한 것이다. 말인즉슨 공동재산에 대한 모어의 비판이 잘못되었다는 것이 아니라 사회를 제대로 구조화하면 극복될 수 있다는 말이 된다. 시민들이 완벽해서라기보다는 법률이 타고난 인간적인 결점에도 불구하고 완벽하게 행동하지 않으면 안 되도록 만들기 때문에 이상적이라는 것.

유토피아 사회는 생산성이 매우 높아서 시민들은 자유 시간이 많다. 또 한 번, 게으름이나 방탕한 생활을 금하는 법률에서 인간 본성에 대한 냉소적인 사고방식이 여실히 드러나지만, 이런 냉소는 유토피아 사람들을 지적이거나 육체적 활동에 매진하도록 만드는 긍정적인 영향을 미쳤다. 한편, 지식인들이 오로지 개개인의 장점에 의해 발굴되는 과정은 특권과 생득권(生得權)이 지배적이던 당시로서는 놀라운 착상이다.

교육, 과학, 철학

　이미 언급했듯이 훌륭한 성과를 올린 소수의 학자들만 지적 연구에 전념하도록 육체노동을 면제받고, 아이들은 모두 철저한 교육을 받는다. 유토피아 사람들은 교육을 통해 시민의 가치와 기질이 형성된다고 믿는다. 유토피아의 교육 체계가 성공했다는 것은 대다수 사람들이 직업으로서의 육체노동에 종사하면서도 자유 시간에는 지적 연구를 추구한다는 사실에서 여실히 드러난다. 그들은 학문 용어가 풍부한 모국어로 연구를 수행한다.

　과학에서는 매우 합리적이며 많은 성과를 거두었고, 음악, 논리학, 산수, 기하학 분야에서는 유럽인들과 일반적으로 대등한 수준의 이해력을 갖고 있으며, 천문학에 능하지만 점성술은 믿지 않는다. 그리고 오랜 관찰과 경험을 바탕으로 유럽인들처럼 날씨 변화는 예측할 수 있으나 그 변화의 근본적인 이유는 확실하게 알지 못한다.

　철학 문제의 경우, 유토피아 사람들은 히슬로데이는 공허하다고 여기고 유럽에서는 대유행인 추상명제에 대해서는 흥미가 없으며, 가장 중요한 관심사는 행복의 본질이다. 그리고 그 행복은 거의 대부분 쾌락으로 이루어지고, 진정한 행복을 추구할 때는 이성 자체만으로는 미약하고 불완전하다면서, 그 논리적 근거를 반드시 가혹하고 엄숙한 종교와 결부시킨다.

또한 영혼은 불멸이고, 신의 선함에 의해 태어날 때부터 행복을 지향하게 되어 있으며, 내세(來世)가 존재하고, 사후에 현세의 행실이 보상받거나 벌을 받는다고 믿는다. 나아가 내세를 의심한다면, 총명한 사람들은 모두 육체적인 쾌락만을 추구하고 모든 고귀한 도덕률은 무시할 것이란 생각을 갖고 있다. 내세를 믿는다는 것은 쾌락은 덕스러운 행동 속에만 존재한다는 의미가 된다. 덕이란 자연에 따라 사는 삶이고, 결국 내세에서 보상받는 것은 이러한 행동들이기 때문.

그들은 '진정한' 쾌락과 '거짓' 쾌락도 구분한다. '진정한' 쾌락은 자연의 인도에 따라 그 속에서 기쁨을 느끼게 되는 심신의 상태와 운동을 가리키는 것으로, 진정한 지식과 진리에 대한 관조, 음식 섭취, 건강 등이다. 그리고 '거짓' 쾌락은 자연적으로 기쁜 것이 아니라 왜곡된 욕망들이 즐겁다고 믿게끔 속이는 감각들이다. 거짓 쾌락의 대표적인 사례들로는 겉치레, 부, 또는 의례적인 명예 등이다. 이러한 거짓 쾌락의 추구는 때때로 진정한 쾌락을 방해하기 때문에 사회는 거짓 쾌락을 근절시키기 위해 모든 수단을 동원한다.

유토피아 사람들은 고통과 쾌락의 관계에 관해 이성을 통해서는 보다 확실한 결론에 이르지 못할 것이라고 믿는다. 그보다 더욱 심오한 결론에 이를 수 있는 유일한 방법은 신이 하늘에서 계시를 내려 '좀더 신성한 가르침을 주는 것'이다.

　　교육이 하나의 권리이자 필수품이란 유토피아 사람들의 믿음은 오늘날 독자들에게는 매우 친숙하지만, 돈과 권력을 가진 소수만 교육받을 수 있었던 당시 유럽의 정책과는 아주 거리가 멀었다. 더욱이 유토피아의 교육은 독자적인 가정교사와 학교마다 천양지차였던 유럽의 교육체계와는 달리 체계적이고 균등하다. 그들은 이러한 합리적인 교육체계를 통해 자녀들의 도덕과 가치관을 형성시켜 훌륭한 유토피아 사람이 될 능력을 가르쳐줄 수 있다고 생각했기 때문에 교육은 단순하게 지적인 계몽수단이 아니라 언제든 그 사회의 구성원을 충원시키기 위해 설계된 도덕적이고 문화적인 발전 계획이다.

　　과학에 관한 언급은 다시 한 번 유럽의 비합리성을 보여주려는 시도다. 당시의 유럽 사회는 과학 지식이 급속히 팽창하고 있었으나 그 성과에도 불구하고 합리적이거나 과

학적인 기초도 갖추지 못한 점성술을 신봉하는 사람들로
넘쳐났다. 이러한 대비는 합리적으로 생각하고 행동할 수
있는 수단을 갖춘 유럽이 종종 그럴 의지가 없는 것 같다는
모습을 나타내준다. 반면, 유럽과 대등한 과학 수준을 지닌
유토피아는 합리적인 사고에 충실하기 때문에 점성술과 여
타 유사한 미신들은 존재하지 않는다. 마찬가지로, 새로운
유럽 철학자들의 가설에 전혀 관심을 보이지 않는 유토피
아의 철학에 관한 논의는 유럽 사상이 처한 상황을 신랄하
게 비판한다는 의미가 있다. 토머스 모어의 불만은 〈유토피
아〉에서만 나타난 것이 아니었고, 제2부를 저술하는 동안
에도 유럽의 새로운 철학자들과 논리학자들을 비난하는 장
문의 편지를 썼다. 유토피아 사람들은 행복의 본질에 관한
연구에서 이성은 자체적으로 그러한 의문을 다루기에는 역
부족이란 결론에 도달한다. 그 같은 결과는 이성이 이루기
에는 기이하게 여겨졌고, 그 기이함의 밑바닥에는 르네상
스가 결국 계몽사상으로 이어지면서 더욱 뚜렷해진 이성과
종교 간의 긴장이 놓여 있다. 그러나 토머스 모어와 인문주
의자들에게 이성과 종교는 연관되어 있었다. 예수와 기독교
의 불변의 진리에 대해서는 그저 아무런 의문도 없었다. 유
토피아 사람들의 행복에 관한 탐구는 기독교와 흡사한 결
론에 도달한다. 행복의 형태를 분류하는 것으로 논의를 시
작해서, 덕은 내세에서 보상받을 테니 행복은 덕스럽게 행

동하는 데 달려 있다는 결론으로 끝을 맺는 것. 또한, 사물의 본성에 관한 자신들의 철학적 탐구보다 더 나은 것은 신의 계시뿐이라고 믿는 것도 기독교의 생각과 정확히 일치한다. 토머스 모어는 이상사회인 유토피아에서 자신이 비판하고자 하는 종교를 숭배하는 유럽 사회의 상황을 설정함으로써 유럽 사회를 비판하기 위한 본보기로 유토피아를 설득력 있게 활용하는 동시에 기독교 교리 자체를 합리적 사고의 유일한 산물로서 지지하고 있는 것이다. 사물의 본성을 제대로 이해하지 못하는 유토피아 사람들은 합리적이고 올바르게 행동할 수 있는데, 어째서 예수의 신성한 계시를 받은 유럽인들은 그렇게 행동하지 못하는가? 이 질문은 유럽 전체를 향해 그들의 속을 후벼 파고 있다.

노예, 안락사, 결혼, 조약

:요점정리

유토피아의 노예는 전쟁포로, 자국의 끔찍한 범죄자들, 그리고 저렴하게 혹은 무상으로 넘겨받은 다른 나라의 사형수들이다. 노예의 자식으로 태어났다고 해서 노예가 되지는 않는다. 노예들은 항상 사슬에 묶인 채 일을 하고, 자국 출신 노예는 더 가혹하게 다뤄진다. 더 좋은 교육과 도덕훈련을 받았으면서도 잘못을 저질렀기 때문.

병든 사람들은 극진한 보살핌을 받지만, 불치병에 걸려 극심한 고통이 계속되면 의사, 사제, 정부의 관리가 그들에게 더 이상 삶의 의무를 다할 수 없고 본인과 다른 사람들에게 짐이 된다는 사실을 깨닫게 만들어 내세에 희망을 갖고 죽음을 선택하라고 말한다. 여기에 동의하는 사람들은 굶어죽든지, 아니면 약을 먹고 잠자는 동안 아무런 고통 없이 삶을 끝마친다. 그러나 반대하면 이전처럼 성심성의껏 돌보아준다.

여자는 열여덟 살, 남자는 스물두 살이 되어야 결혼할 수 있다. 혼전 순결은 꼭 지켜야 하며, 순결을 지키지 못한 사람은 (발각될 경우) 큰 벌을 받고 원수(元帥)의 사면으로 형이 경감되지 않으면 평생 결혼할 수 없다. 이토록 엄하게 처벌하는 이유는 난잡한 생활을 허용하면, 평생 온갖 소소한 불편을 이겨내며 결혼생활을 감내할 사람이 거의 없을 것이기 때문이다.

결혼하기 전, 신랑과 신부는 각각 보호자의 인도 이래 상대방에게 나체를 보여준다. 히슬로데이는 이런 관행을 비웃었지만, 이내 지혜롭다는 생각이 든다. 심각한 육체적 결함이 의복 속에 숨겨져 있다면 결혼 후에 발생할지도 모를 문제를 미연에 방지하고, 남자와 여자에게 책임과 의무를 정확히 알도록 해주기 때문이다. 이혼은 간통이나 지나친 학대의 경우에만 허용되고, 간통한 자에게는 노예형을 선고한다.

육체적 자질들은 최대한 활용해야 한다고 믿지만, 화장품이나 매력을 살려주는 도구 따위를 사용하는 것은 가증스러운 가식이라며 멸시한다.

공직을 차지하기 위한 선거운동은 허락되지 않는다. 관리는 오만하거나 강압적이지 않고, 통상 아버지 같은 존재로 생각된다. 법률은 몇 가지 안 되고 모두 단순 명료하며 성문화되어 있다. 따라서 모든 사람이 법률에는 전문가가 될 수 있고, 사건 수나 늘리고 싸움을 증폭시키는 부류인 변호사는 필요 없는 존재다. 또한 돈이란 것이 없기 때문에 지도자들과 재판관들은 뇌물을 받을 일도 없다.

유토피아는 다른 나라와 조약도 맺지 않는다. 나라와 나라 사이는 협정보다는 선의, 말보다는 진심에 의해 더 굳건하게 뭉친다고 믿기 때문이다. 조약이란 개념에는 국가들이 본래 우방이 아니라 적이라는 내용을 함축하고 있다면서, 유토피아는 이 세상을 그렇게 해석하지 않는다. 그리고 유토피아의 인근 국가들 가운데 조약을 실제로 지키는 나라들은 거의 없다. 히슬로데이는 이러한 진실성의 부족을 유럽과 비교하고 유럽 국가들은 제대로 조약을 준수하는 편이라며 빈정댄다.

유토피아에서 노예제도는 인종, 민족성, 신념의 문제가 아니라 도덕적 행위의 문제다. 오직 범죄자들만 노예가 되고, 노예의 자식은 자유인으로 태어나기 때문에 우리가 당연히 노예제와 연관 짓는 '도덕적 반감'은 없다. 허구적인 이상사회에서조차 노예제도가 존재하는 것으로 설정될 수 있다는 사실은 이상사회들 역시 시대적 상황의 산물이며, 당시 세계의 신념과 편견에 영향을 받는다는 징표다.

마찬가지로, 환자의 간호에 대한 서술은 16세기 초의 의료 상황을 여실히 보여준다. 중환자가 병원에 가고 싶어 하지 않을 것이란 생각은 오늘날 독자에게는 이상하게 보이겠지만, 아픈 것보다 의사의 치료가 더 위험하다고 말할 수 있었던 시대라면 이해할 만한 일이다. 안락사를 허용하고, 심지어 재촉하는 유토피아의 관행은 자살을 지옥으로 보낼 죄악으로 믿었던 당시의 교리와는 모순되는 것 같다. 그러나 안락사는 에라스무스가 긍정적으로 다루었던 주제였고, 토머스 모어는 그 사실을 분명히 알고 있었다.

히슬로데이와 모어는 유토피아의 결혼풍습을 우스꽝스럽다고 말했고, 독자들 눈에도 그렇게 보일 것이다. 소위 이상사회라는 곳에 존재하는 이러한 풍습을 어떻게 이해해야 할지 아주 분명하지 않지만, 이런저런 추측은 가능할 것 같다. 어쩌면 유토피아가 거의 완벽하지만 실은 이상사회가 아니란 사실을 보여주는 또 하나의 암시이거나, 하나의 실제적이고 합리적인 제안으로서 진지하게 받아들여져야 하거나, 토머스 모어가 농담을 즐겼다고 알려져 있으므로 가벼운 농담으로 치부할 수도 있으나 원본에서는 아무런 단서도 주지 않는다. 이혼 문제는 더욱 구체적이고, 안락사의 경우와 유사하다. 가톨릭교회는 간통해도 이혼을 허락하지 않지만, 에라스무스는 특정한 상황에서는 이혼이 받아들여질 수 있고 또 필요하다고 믿었다. 유토피아에서 그러한 이혼이 허용된다는 것은 유토피아 사회가 에라스무스의 인문주의적인 신념과 논의의 실현이었다는 또 하나의 암시다.

간통, 혼전 성관계, 공직 선거운동을 금하는 규칙은 유토피아 사람들이 정욕과 탐욕이라는 인간의 원초적 본능은 결코 사라지지 않으리란 사실을 깨닫고 있었다는 것을 드러낸다. 따라서 유토피아의 법률은 인간 본성에 내재하는 악을 강력하게 단념시키기 위해 제정되었고, 유토피아가 이상적인 사람들로 가득한 사회라기보다는 인간의 천성적인 결함이 인간적인 견지에서 가능한 한 엄격하게 억제될 수 있도록 정형화된 사회라는 사실을 논증한다.

전쟁

유토피아 사람들은 전쟁을 경멸하며, 무슨 수를 써서라도 피하려 했고, 살인 행위는 결코 명예롭지 않다는 것을 잘 알고 있다. 또한 자국 영토의 수호, 적군의 침략을 받은 우방의 보호, 폭정과 예속으로 신음하는 민족을 해방시키기 위한 전쟁을 대비해서 정해진 날에 모든 남녀가 군사훈련을 했다.

유토피아 사람들은 전쟁에서 승리하기 위해 무자비한 무력보다는 지혜를 사용한다. 몸으로 싸우는 것은 짐승들이나 하는 짓이고, 지혜와 이성을 겸비한 인간은 직접적인 공격이 아니라 지혜로운 책략으로 승리를 거둬야 한다는 것. 일단 전쟁이 선포되면, 그들은 가장 먼저 선전활동에 의존한다. 적장(敵將)을 암살하거나 생포하는 자에게 엄청난 보상을 내리겠다는 포고문을 적의 영토에 비밀리에 붙이고, 부하들을 배신하는 적장에게도 비슷한 보상을 약속하는 것. 다른 나라들에서는 이 같은 조치를 비열하다고 비난하지만, 유토피아 사람들은 무고한 사람들의 피를 거의 흘리지 않고 전쟁을 끝내기 때문에 사실상 자비롭고 훌륭한 정책이라며 옹호한다. 이러한 전략이 실패할 경우에는 적 내부의 분쟁을 부추긴다. 이를테면, 적국 군주의 형제나 귀족들에게 유토피아의 명분을 지지할 경우에 왕권을 보장하겠노라고 약속하는 것. 국민 한 사람의 생명을 다른 나라 왕의 생명과도 바꾸지 않는 유토피아 사람들은 이웃 나라를 도울 때, 자국민들이 위험에 처하는 것을 원치 않는다. 그러나 돈과 물자는 아낌없이 제공한다.

불가피하게 전쟁을 해야 될 때는 그 어느 나라보다 많은 돈을 주고 용맹스러운 자폴레트인들을 용병으로 고용하며, 자국 장군을 파견해 지휘하게 한다. 유토피아 사람들은 최후의 수단으로 투입되고, 유토피아가 직접 공격당하는 경우를 제외하면 강제 징집되지 않으며, 아내가 남편과 함께 참전을 원할 때는 남편 옆에 배치한다. 어린 시절부터 유토피아의 가치를 철저하게 교육받은 유토피아 사람들은 사기가 높아 전장에서 쉽게 물러서지 않고 지칠 줄 모른데, 승리했을 때는 적을 죽이기보다는 생포하려고 하기 때문에 대량학살로 악화되지 않고, 전투할 때는 적의 영토를 유린하거나 곡물을 불태우지 않으려고 최대한 노력한다.

유토피아의 전쟁 방식은 모어, 가일즈, 그리고 사실상 유토피아 사람들과 접촉하는 모든 사람들에게는 매우 비정상적이고 치사해 보인다. 그러나 전쟁을 혐오하는 유토피아 사람들의 태도와 비정규적인 전략들의 기원은 전쟁의 정당성을 비난한 에라스무스의 논문 "전쟁의 단맛 Sweet Is War"에서 찾을 수 있다. 유토피아 사람들의 견해에 의하면, 인간이 짐승과 다른 점은 이성을 가졌다는 것이다. 따라서 생명을 구할 수 있는 현명한 계략들은 사실상 전쟁의 위업을 찬양하는 것보다 훨씬 더 '인간답다'. 그러나 유토피아가 전쟁에서 승리하기 위해 사용하는 수단들은 그들이 처한 이상적인 상황, 즉 지리적 고립과 엄청난 교역이윤 창출력에 전적으로 의존한다는 사실을 감안한다면 매우 흥미롭다. 이러한 이점을 살려 돈으로 용병을 고용하고, 선전선동 활동을 펼치며, 적 내부에 분란의 씨앗을 뿌리는 등 전쟁을 의도대로 완벽하게 수행할 수 있기 때문이다. 그러나 토머스 모어가 펜대를 놀려 만들어낸 교역 불균형이 없다면 유토피아의 전술이 성공할 가능성은 희박하다고 해도, 궁극적으로 보면 그 전쟁 방식의 성공보다는 유럽의 일반적인 전쟁 수단에 대해 어떤 대안(代案)을 제공하고 있다는 점이 더 중요할지 모른다. 유토피아의 전쟁 방식이 어리석은 짓처럼 보이겠지만, 심지어 실제로는 아주 현명한 일도 기독교와 부합하면 할수록 더욱 어리석게 보인다는 것이 에라스무스와 토머스 모어의 주장이다.

종교

유토피아에는 많은 종교가 존재한다. 모두들 유일신을 믿는다는 점에서는 비슷해도 그 신의 본성은 일종의 애니미즘에서부터 고대의 영웅, 태양, 달, 또는 전능하고 입에 올릴 수 없는 신성한 신에 이르기까지 실로 다양한 것. 히슬로데이에 따르면, 그 모든 종교는 다른 종교에 대해 철저히 관용을 보이지만, 이러한 미신들의 혼합체에서 벗어나 최고의 이성을 지닌 한 종교로 귀일하는 과정에 있다. 히슬로데이 일행으로부터 예수 이야기를 듣고 크게 감동한 사람들 가운데 적지 않은 수가 기독교에 동참하기 시작했는데, 이들 개종자들도 다른 종교의 신도들로부터 비난받지 않는다. 사실, 비도덕적인 것으로 간주되어 유일하게 용인되지 않는 것은 무신론이다. 만약 내세가 없다고 믿는 사람이라면, 당장의 육체적이고 정신적인 쾌락을 쫓아 이기적으로 행동하지 사후의 보상에 대한 기대를 품고 고결하게 행동하지는 않을 것이기 때문. 그렇다고 해서 다른 사람의 의지에 따라 신앙을 결정할 수는 없다고 믿는 터여서 이들을 처벌하지는 않는다.

유토피아에는 이처럼 다양한 종교가 있지만 교회에서

는 모든 종교와 합치되는 내용만 접하게 된다. 따라서 만약 어떤 종교가 다른 종교에 불쾌감을 줄지 모를 특정한 예식이나 기도를 행하고자 한다면 집에서 해야 한다.

사제는 도덕적·종교적으로 최고의 역량을 지닌 사람들이기 때문에 소수—각 도시의 교회마다 한 명씩 총 13명—일 수밖에 없다. 여성도 사제가 될 수 있으나 흔한 일은 아니다. 사제들의 업무는 예배 집전, 종교의례 규정, 공중도덕 감시, 아이들 교육 등이고, 훌륭한 행실은 칭송하고 나쁜 행실은 비난한다. 사제는 최고 권력을 보유하며, 심지어 원수도 사제의 말을 따라야 한다. 중요한 종교적 축일에는 교회로 가기 전에 아내는 남편 앞, 아이들은 부모 앞에 무릎을 꿇고 자신의 과실에 대해 용서를 구한다. 가족 간의 문제를 해결하고 깨끗한 양심으로 예배에 참석해야 하는 것. 예배에서는 모두가 세심한 주의를 기울이며 사제에게 무한한 경의를 표하고, 모두들 신이 우주의 창조주이자 주재자임을 인정한다.

〈유토피아〉에서 옹호하는 거의 절대적인 관용과 대법관 토머스 모어가 프로테스탄트의 박해를 강화하는 데 핵심적인 역할을 수행했다는 사실은 모순적이다. 어쩌면 기껏

해야 '인간 본성이란 변할 수 있기 때문에' 유토피아의 사제가 불공정해지거나 비종교적으로 행동할 수도 있다는 히슬로데이의 언급을 인용하는 것으로 그 모순을 설명할 수 있을지 모르겠다. 〈유토피아〉가 종교개혁 직전에 관용을 설교한 반면, 토머스 모어는 종교개혁이 만개한 이후에 프로테스탄트 박해를 시작했다는 사실은 매우 흥미롭다. 전기식(傳記式) 정보는 제쳐두고, 유토피아에서 묘사된 관용은 에라스무스의 저술에 따른 귀결이다. 에라스무스는 회교도는 절반의 기독교인이고 기독교도들에게서보다 부패를 적게 발견했다면서 일종의 형제애까지 주장했다.

유토피아의 사제들은 유럽의 사제들을 비판하는 방편으로 활용된 것이 분명하다. 유토피아에 사제가 많지 않은 이유는 첫째, 많은 사제를 선발하면 존엄성이 떨어질 우려가 있고, 둘째, 사제가 될 만큼 일상적인 수준의 덕으로는 결코 도달할 수 없는 고결함을 갖춘 사람이 워낙 귀하기 때문이다. 유럽에서는 사제들을 둘러싼 돈 문제, 부패, 형편없는 교양에 대해서는 누구나 알았고 그런 일들은 조롱과 비판의 대상이었다. 모턴 추기경과의 저녁식사 자리에 등장했던 탁발수사, 즉 라틴어를 거의 모르고 불같이 화를 냈던 인물이 그 본보기다. 교회의 얼굴은 사제들인데, 〈유토피아〉는 가톨릭교회의 얼굴이 수많은 오점으로 뒤덮여 있다는 점을 은연중에 드러낸 것.

여성에 대한 종교적인 대우도 아주 흥미롭다. 아내는 남편 앞에 무릎을 꿇고 잘못을 고백하지만, 남편은 아내를 용서하는 것 외에 자신의 과실을 인정하지 않는 관행에서는 은근히 남성 우월사상이 나타나는데, 16세기의 성 역할을 감안하면 그다지 놀랄 만한 일은 아니다. 당시 여성은 먼저 아버지, 그 다음은 남편을 따라야 했다. 그러나 유토피아에서는 여성도 사제가 될 수 있다는 사실은 당시 사람들에게는 커다란 충격이었다. 심지어 오늘날에도 가톨릭교회는 여성 사제를 허용하지 않는다. 유토피아는 여성을 은근히 무시하기도 하고, 평등한 기회를 부여하기도 한 것.

결론

"딴 나라에서는 많은 사람들이 한결같이 공공의 이익을 위한다고 말하면서도 실제로는 개인의 이익만을 추구합니다. 그러나 유토피아에는 사유재산이 없기 때문에 개인이 아니라 공공복리를 추구하는 데 관심을 갖습니다"라며, 히슬로데이는 유토피아가 이 세상에서 가장 훌륭한 공화국이

자 공화국이란 명칭에도 부합하는 유일한 나라라고 말한다. 유토피아에서는 누구나 먹을 것, 가난, 자식, 노후 걱정을 하지 않아도 된다. 노동자나 농민 등은 뼈 빠지게 일하고도 쥐꼬리만한 수입에 짐승만도 못한 삶을 살고, 귀족이나 고리대금업자 등은 생산적인 일을 하지 않고도 흥청망청 사치스럽게 살아가는 이 세상과 달리 모든 사람들이 다 같이 일하고 함께 잘 사는 곳. 히슬로데이의 생각에는 이것이야말로 진정한 정의사회다. 유토피아 이외의 사회들은 '자신의 부를 축적하는 데 목적이 있으면서도 자신들이 통제하는 정부가 보통 사람들의 복지에 관심을 가지고 있는 공화국이라고 주장하는' 부자들의 음모에 불과하다. 가난한 사람들의 노력과 수고를 최대한 헐값에 사들일 계획이나 세우고 착취에 법의 이름을 들이대면서 정의를 왜곡하고 타락시키는 탐욕과 오만의 왕국인 것. 오만은 자기가 가진 것을 통해서가 아니라 다른 사람들이 가지지 못한 것을 통해 자기의 행복을 평가하도록 만드는데, 비합리적일 뿐만 아니라 기독교 정신에도 어긋난다. 오직 유토피아에서만 오만과 그것으로 인해 생기는 모든 죄악들이 사회로부터 속속들이 제거되어 있다.

히슬로데이가 이야기를 마치자 모어는 그가 너무 피곤할 테니 이쯤에서 접고 모두들 곧 다시 만나 언급된 유토피아의 장점에 대해 좀더 충분히 분석하고 논의하기로 마음

먹는다. 모어는 유토피아의 관습과 법 가운데 많은 부분, 즉 전쟁을 수행하는 방식에서부터 종교, 그리고 특히 공유재산 원칙은 불합리한 것으로 생각된다고 독자들에게 말한다. 사유재산으로부터 국가의 고결함, 위엄, 화려함, 장대함이 나오는 것이며, 이런 것들이 유럽 사회가 지닌 최고의 영광이라는 것. 그럼에도 불구하고 유토피아의 많은 정책들(구체적으로 적시하지 않음)이 실제로 실현될 가능성은 희박해도 유럽에 한 번 도입해 보고 싶다는 속내를 털어놓는다.

〈유토피아〉는 유토피아를 가장 완벽한 사회라고 평가하는 히슬로데이의 미사여구로 시작해서 유토피아의 몇몇 정책들은 유럽에 적용해도 좋을 만한 요소들이 많지만 실현가능성이 거의 없다는 모어의 평가로 끝이 난다. 〈유토피아〉는 두 가지 측면 가운데 어느 쪽을 더 지지하는지에 관해서는 거의 아무런 암시도 하지 않는다. 모어와 히슬로데이는 서로에게 흥미를 느끼고, 모어는 히슬로데이에게 많은 것을 배웠으면서도 공유재산을 반대하는 애초의 입장이 잘못되었다는 확신은 들지 않는다. 이 같은 애매모호한 결말에서 〈유토피아〉에 담긴 세속적 실용주의 대(對) 철학적 이상주의라는 주제가 구체화되고, 두 가지 가운데 하나를 선택해야 한다. 어느 쪽을 취하든 어쩔 수 없는 한계가 있다. 정치를 따르자니 이상주의를 희생시켜야 하고, 철학의 순수한 세계를 위해 정치를 회피하자니 순수한 미래상을 추진해 실현시키려는 시도조차 할 수 없게 되는 것. 유토피아는 두 입장 사이에 걸쳐져 있고, 악 없이 잘 돌아가는 사회다. 그리고 이 책은 현존 사회가 유토피아식으로 변형될 수도 있는 방편은 제시하지 못하지만, 바보의 모습과 예수의 왕국이 도래한다는 인식이 확고한 '기독교도의 어리석음'을 통해 모어와 히슬로데이 사이에서 나타난 막다른 골목으로부터 벗어날 수 있는 방편은 제공한다. 즉 유럽 사회를 비판하고, 유럽 사회와 견줄 수 있고 어쩌면 유럽 사회를 개선할 수도 있는 본보기를 제공하면서도 궁극적으로는 완벽함에 이르는 유일한 길은 기독교와 예수의 재림을 통해서라고 결론짓는 것. 혹자는 〈유토피아〉가 인문주의적 철학이 지닌 이상과 왕과 국가에 대한 봉사 사이에서 끊임없이 갈등한 토머스 모어 자신의 여정(旅程)이라고 주장할 수도 있으나 결국 토머스 모어는 종교적 확신 때문에 순교자가 되었고, 성인(聖人)의 시호를 받았다.

Review

다음 질문에 대해 간단히 서술하시오.(－부분은 참고만 할 것)

1. 유토피아에서의 여성의 지위에 대해 논하라.

    — 유토피아는 평등주의 원칙에 기초하고 있다. 이 원칙은
    성(性) 문제에도 적용된다. 유토피아의 여성들은 일하고, 투
    표하고, 사제가 되고, 전쟁터에 나가는 것이 허용되고 유토
    피아의 문제에 대해 남성들과 동일한 영향력을 지니고 있으
    나 몇 가지 실질적인 제약이 있다. 예를 들면, 일반적으로 남
    성에 비해 육체적으로 약하다는 이유로 중노동에 종사하는
    것이 허용되지 않는다. 그러나 이런 제약들에도 불구하고 유
    럽 여성들과 비교하면 엄청난 자유를 누리는 셈이다. 그런데
    근본적으로는 세속적인 기준에서 남성과 대등하지만, 남편
    앞에서 무릎을 꿇도록 요구하는 종교적 관행에서는 은연중
    에 남성을 종교적으로 더 순수하게 여기고 있다. ‘세속적으
    로는 평등해도 종교적으로는 열등한’ 유토피아 여성들의 차
    별적 지위를 조정할 만한 방법은 없는 것 같고, 오히려 16세
    기 유럽의 잠재적인 영향력을 드러내는 듯하다. 즉, 현존하
    는 그 어떤 사회보다 더 많은 권리와 권력을 여성들에게 부
    여한 사회를 만들어낸 토머스 모어조차 여성이 남성에 비해
    열등하다는 유럽인들의 확신에서 완전히 탈피할 수는 없었
    던 것.

2. 유토피아 사회의 본질은 무엇인가? 유토피아는 이상사회인가? 만약 그렇다면, 그곳은 이상적인 인간들이 살고 있는 사회인가?

— 유토피아는 인문주의적인 합리적 이상이 가장 완벽하게 구현된 곳이다. 그러나 예수의 직접적인 계시를 받지 못했고, 더욱이 하늘의 왕국이 아니라 지상의 왕국에 존재한다는 이유 때문에 이상적일 수 없다. 그렇다면, 유토피아는 이상적이 아니라 유사이상적이고, 기독교 교리만이 평등주의 사회의 진정한 기초가 될 수 있다는 것을 입증하는 동시에 소위 기독교적 유럽이 특유의 정치과정을 조직화하면서 이 교리를 철저히 따르지 못하고 있다는 것을 보여준다.

그러나 주민들이 이상적이라 유토피아가 이상사회에 가깝다고 가정하는 것은 옳지 않은 듯하다. 오히려 진실은 그 반대다. 주민들이 이상적이지 않다고 가정하기 때문에 유토피아가 이상에 가깝다는 것. 유토피아는 부도덕하게 행동하는 것은 비합리적이라고 규정하는 법률을 만들어놓고는 학교를 활용해 주민들에게 합리적으로 사고하는 방식을 가르친다. 다시 말해, 유토피아는 인간은 사익을 최대화하기 위해 행동한다는 이해를 바탕으로 작동하고, 이어 개인의 최고 이익이 또한 공동체의 최고 관심사인 법률과 제노를 공식화한다.

3. 모어는 유토피아의 생활과 정책에 불합리한 점이 많다고 말한다. 히슬로데이가 보기에도 불합리한 것이 몇 가지 존재한다. 〈유토피아〉에서 불합리하다는 것은 어떤 의미인지 논하라. 불합리한 관행은 언제나 똑같이 불합리한가? 어떤 불합리한 관행들은 단순히 불합리한 반면, 더 큰 중요성을 드러내는 불합리한 관행들도 있는가? 이따금씩 보이는 유토피아의 불합리성은 유토피아가 이상적이란 것을 암시하는가, 아니면 이상적이지 않다는 것을 암시하는가? 에라스무스의 '기독교도의 어리석음'이란 개념에서 유토피아의 불합리성은 어떤 작용을 하는가? 〈유토피아〉에서 불합리한 순간들을

찾아내 각각 그리고 서로 대비해서 분석하라.

4. 플라톤의 〈국가〉와 달리 〈유토피아〉는 이상국가의 청사진으로서
    독자에게 제시되지 않는다. 하나의 가능성이라기보다는 허구(虛構)
    로 제시되는 것. 허구적인 이야기 구조는 이 책에 대한 독자의 이해
    방식을 어떻게 변화시키는가? 〈유토피아〉에서 허구적인 이야기 구
    조는 어떤 기능을 하는가? 유토피아를 허구적인 것으로 만든 결과
    는 무엇이며, 저자인 토머스 모어를 어떤 식으로 보호해 주는가?

5. 이상적인 유토피아 사회가 〈멋진 신세계〉와 〈1984년〉 같은 몇몇
    디스토피아 사회들과 닮은 점을 논하라. 유토피아와 이들 디스토피
    아의 차이점은 무엇인가? 〈유토피아〉, 〈멋진 신세계〉, 〈1984년〉
    이 집필된 시대에 대해 검토하라. 특정 시대의 관념과 신념은 그 시
    대 사람들이 이상의 실체를 이해하는 데 어떤 영향을 미치는가?

6. 〈유토피아〉 제1부와 제2부의 관계를 논하라. 두 부분의 논거는 상
    충되지 않고 자연스럽게 이어지는가, 아니면 사물을 보는 토머스
    모어의 견해가 바뀌는가? 유토피아는 흔히 인문주의적인 사고방식
    에 전적으로 의존하는 사회로 묘사된다. 토머스 모어는 인문주의
    로부터 벗어나는가? 토머스 모어는 인문주의자로 묘사되고 있을지
    모르는 히슬로데이의 견해에 전적으로 동의하는가?

권 말 부 록

一以貫之 논술노트

영원한 유토피아를 꿈꾸며　○

실전 연습문제　○

一以貫之는 '논어'에 나오는 말로 '모든 것을 하나의 이치로 꿰다'는 뜻입니다.

논술의 주제와 문제 유형, 제시문들은 참으로 다양하고 가지각색입니다. 그러나 그 모든 것을 하나로 꿸 수 있습니다. '인간사회의 보편적 문제들에 대한 근원적인 물음에 답하는 자기 나름의 견해'라는 것이지요. 논술은 인간이면 누구나 부닥치는 개인적 또는 사회적 문제들에 대한 자기 나름의 고민이자 성찰입니다. 논술은 자기견해, 자기 가치관, 자기 삶에 대한 솔직한 고백입니다.

一以貫之 논술연구모임은 '자신의 물음'과 '자신의 생각'을 갖고 '자신의 글'을 쓸 수 있도록 도와줍니다.

〈집필진〉
우효기, 김재년, 이호곤, 우한기, 박규현, 김법성, 김병학, 도승활, 백일, 우효기, 조형진

영원한 유토피아를 꿈꾸며

　현실에 불만이 많은 사람들은 종종 '유토피아(Utopia)'를 꿈꾼다. 그러나 불만 없는 현실이란 존재하지 않기 때문에 우리는 언제나 '유토피아' 같은 '더 나은 세계'를 꿈꾸게 마련이다. 그런데 그리스어의 'Eutopia'와 'Outopia'에서 유래한 'Utopia'란 단어 자체의 어원에서도 알 수 있듯, 살기 '좋은(good)' 완벽한 이상향은 '이 세상에 존재할 수 없는 곳(no place)'이다.

　그러나 존재할 수 없는 유토피아에 대한 꿈은 우리 삶이 더 나은 방향으로 나가기 위해 언제나 요구되는 꿈이고, 그 사회가 요구하는 꿈은 곧 그 사회가 처한 현실과 연관되어 있다. 따라서 그 꿈을 누가, 왜, 그리고 누구를 위해 꾸는지 들여다볼 필요가 있다. 그 꿈속에는 삶의 주체, 미래에 대한 염원이 담겨 있기 때문이다.

　토머스 모어 역시 당대 영국의 사회 현실을 비판하면서, 유토피아의 염원을 글 속에 담아냈다. 그 시대의 현실이 오늘날 우리 사회와 다르지만, 그가 꾸었던 유토피아의 꿈속에서 공감하는 바가 적지 않다. 따라서 우리가 그의 유토피아를 살펴보는 것은 오늘날 우리의 유토피아를 만들어나가는 계기로 삼기 위한 것이다.

이제 〈유토피아〉에서 가상의 철학자 라파엘 히슬로데이가 전하는 유토피아의 전모를 들어보면서 과연 어떤 의미인지, 그리고 어떤 한계가 있는지 짚어보기로 하자.

▌왕의 존립은 백성에게 달려 있다

"폐하는 백성들이 처음 왜 폐하를 왕으로 삼았다고 생각하십니까?"

나는 왕에게 이렇게 질문합니다.

"폐하를 위해서가 아니라 그들 자신을 위해서입니다. 그들은 폐하가 전심전력을 다해 그들의 생활을 안락하게 만들어주고, 그들을 부정으로부터 보호해 주기를 바랐던 것입니다. 그러므로 폐하의 사명은 폐하 자신이 아니라 백성의 안녕을 돌보는 것입니다. 마치 양치는 사람의 사명은 엄밀히 말해서 그 자신이 아니라 양을 먹이는 데 있는 것과 같습니다. 평화는 백성을 가난하게 만들어야만 가장 잘 유지된다는 이론은 사실과 완전히 모순됩니다. 거지들은 사회에서 가장 말썽 많은 계층입니다. 현재의 생활조건에 불만을 품고 있는 자들이야말로 혁명을 일으키기 쉬운 자들이 아니겠습니까? 아무것도 잃을 것이 없는 자들이야말로 개인적 이익을 얻을 희망에서 모든 것을 전복하려는 충동을 가장 강하게 느낄 것이 아니겠습니까?

가상의 철학자 히슬로데이가 모어와 대화를 나누면서 국가관을 피력하는 대목이다. 왕이 지배하던 시대에 일개 지식인이 이런 주장을 펼치려면 대단한 용기가 필요했을 것이다. 그러나 통치자의 존립이 백성의 지지에 있다는 것은 동서고금의 변함없는 진리지만, 그 같은 상식이 실제 정치 현실에서는 종종 간과되어온 것이 사실이다. 더욱이 근대 이전인 왕정 시대에는 그 정도가 더욱 심했다. 아마도 위의 주장을 통해 볼 때, 당시의 왕이 통치권을 보다 강화하기 위해 백성을 더욱 억압하는 정책을 구사했음을 알 수 있으리라. 이처럼 백성을 억압해 통치의 안정을 꾀하는 것이 얼마나 무모한지는 토머스 모어로부터 약 150년 정도 뒤에 동양에서도 지적되었다.

상고 시대부터 천하는 마땅히 민중이 주체이고, 군왕이 객체였다. 그러나 후대로 가면서 이러한 관계가 뒤집어져, 군왕이 반대로 주체가 되고 민중이 객체가 되고 말았다. 이처럼 주객관계를 전도시킨 군왕은 하늘 아래 가장 해로운 사람이다. 그들이 일단 주체가 되면 곧 자신의 사욕을 세상의 공익으로 삼아, 민중들에게 이 공익을 위해 몸과 마음을 바치도록 요구하였다. 더욱 심한 것은 군주들이 소위 이러한 공익을 위해 거리낌 없이 세상 사람들을 죽이고 해치면서 천하의 자녀들을 서로 헤어지게 한 것인데, 이는 참으로 비참한 일이다. 만약 이러하다면 군주가 없는 것만 못하다.

—황종희 〈명이대방록 明夷待訪錄〉

주체와 객체가 서로 뒤바뀌었다는 중국 명말청초의 황종희의 주장은 그러한 상황의 역전을 곧 군주의 지위를 뒤엎을 수 있는 논리적 근거로 삼는다. 맹자로부터 내려온 역성혁명(易姓革命)이란 오랜 전통이 여기서 더욱 명확한 언어로 드러나고 있는 셈이다. 왕이 왕으로서 제 역할을 못할 때 바꿀 수 있다는 주장은 왕이 전권을 갖는 것을 당연시한 전제왕권 사회에서는 감히 상상하기 어려운 일로, 오늘날 민주주의 사회의 논리와 통할 만큼 현대적인 사고방식이다. 그러나 민주주의를 지향하는 현대 사회에서도 이면을 들여다보면 통치자들 가운데 국민을 국가의 주인으로 섬기며 어려워하는 이들이 그리 많지 않은 것이 현실이다. 통치자가 교묘한 방식으로 국민 위에 군림하며 공익과 사익을 혼동하고 왜곡하는 현실 속에서 위와 같은 동서양의 오랜 주장들은 여전히 의미 있는 진실로 다가온다.

그렇다면 〈유토피아〉에서 히슬로데이가 비판하고 있는 왕의 정책은 구체적으로 무엇인가? 바로 영토 확장을 위한 전쟁이다. 왕이 전쟁을 통해 자본 증식을 꾀하고 있는 것. 그러나 이때 이미 왕은 충분한 영토를 갖고 있었고, 국가의 재정 역시 넉넉한 상태였다. 그럼에도 끊임없이 영토를 확장시키려는 것은 왕 개인의 땅 욕심이라고 볼 수밖에 없다. 따라서 사욕을 위해 수많은 백성을 전쟁으로 내모는 것은 황종희가 언급했듯 사익을 위해 공익을 희생시키는 불행한 상황이다.

영토 확장처럼 외부로 계속 치닫는 정치가 백성의 삶에 결코 도움이 되지 않는다는 것은 노자로부터도 오래전에 배울 수 있었던 진실이다.

나라는 작고 백성들은 적어서, 뛰어난 재능이 있어도 사용하지 못하게 하며, 백성들로 하여금 죽음을 중히 여기고, 멀리 이사하지 못하게 해야 한다. 비록 배와 수레가 있어도 타고 갈 곳이 없고, 비록 갑옷과 무기가 있어도 진칠 곳이 없으며, 백성들로 하여금 다시 끈을 매듭지어 사용하게 하고, 그들의 음식을 달게 여기게 하고, 그들의 옷을 아름답게 여기게 하고, 그들의 거처를 편안히 여기게 하고, 그들의 풍속을 즐겁게 여기게 해야 한다. 이웃 나라가 서로 바라보이고, 닭과 개의 소리가 서로 들려도, 백성들이 늙어서 죽을 때까지 서로 왕래하지 않게 해야 한다.

小國寡民, 使有什伯之器而不用, 使民重死而不遠徙, 雖有舟

輿, 無所乘之, 雖有甲兵, 無所陳之,

소국과민 사유십백지기이불용 사민중사이불원사 수유주여

무소승지 수유갑병 무소진지

使人復結繩而用之, 甘其食, 美其服, 安其居, 樂其俗, 隣國相

望, 鷄犬之聲相聞, 民至老死, 不相往來

사인부결승이용지 감기식 미기복 안기거 낙기속 인국상망

계견지성상문 민지노사 불상왕래

—老子, 八十章

　　노자의 소국과민(小國寡民)의 국가관은 히슬로데이가
비판하는 왕의 정책이 어떤 점에서 문제를 안고 있는지 명
확히 보여준다. 외부로 뻗어나가는 영토 확장이 전쟁을 조
장하고, 백성의 심성을 횡포하게 만들어 결국 백성의 삶을
파괴하는 결과로 이어질 수밖에 없다는 사실을 노자는 분
명히 직시했던 것. 현재의 삶의 터전에서 물질적·정신적
만족을 향유하면서 사는 이들에게 그곳은 더 이상 바랄 수
없는 이상향일 것이다. 그리고 그러한 삶을 누리는 사람들
은 다른 나라를 기웃거리며 방황하지도 않을 것이다. 즉 이
상향과 같은 행복한 나라가 되려면 다른 나라를 침략해서
도 안 되고, 다른 나라를 기웃거릴 필요도 없다.
　　이러한 소국과민의 국가관은 참으로 간단하고 쉬운 듯

보이지만, 현실에서는 지켜지기 힘든 이론이기도 하다. 소유욕과 같은 인간의 이기적 본성을 극히 자연스러운 것으로 여기는 이들에게는 노자나 히슬로데이의 논리는 그야말로 허황된 '이상'에 불과하다. 그러나 히슬로데이는 그 이상을 자신이 목격한 유토피아에서 발견한다. 그곳 사람들은 토지를 개인이 소유해야 할 재산이 아니라 경작해야 할 땅, 즉 삶의 터전이란 개념으로 받아들이고 있는 것.

▌함께 공유하고 함께 누리고

우리가 공산주의와 자본주의를 설명하거나 비교할 때 제시하는 교과서적인 답은 '유토피아' 곳곳에서도 발견하게 되는데, 주로 히슬로데이와 모어의 대화 형식으로 드러난다.

히슬로데이: 그러나, 모어 선생, 솔직히 말씀드리면 사유재산이 존속하고, 모든 것이 돈에 따라 판단되는 한 귀하는 진정한 정의나 번영을 결코 실현시킬 수 없습니다. 귀하가 가장 사악한 사람들이 최상의 생활조건을 누리는 것을 공정하다고 생각하거나, 또는 모든 재산이 극소수의 인물―그렇다고 그들이 전적으로 행복한 것

은 아니나, 한편 그들 이외의 사람들은 모두 비참할 뿐입니다.—에 의해 독점되고 있는 나라를 번영하고 있다고 말할 용의가 없다면…. (중략) 그와 같이 훌륭한 지성인에게는 건강한 사회의 필수적 조건은 재산의 균등한 분배—이것은 자본주의 밑에서는 불가능하다고 나는 생각합니다.—라는 점이 너무나 명백했던 것입니다. 각자가 능력에 따라 얼마든지 차지할 수 있다고 할 때, 모든 이용 가능한 재산은 이러한 재산이 아무리 많다 하더라도 반드시 소수자의 수중에 들어가게 마련이며, 이것은 그들 이외의 사람들은 누구나 가난하다는 것을 의미합니다. 그리고 부(富)는 공적(功績)과는 반비례로 점유되기 쉬울 것입니다. 부자는 탐욕스럽고 파렴치하며 전혀 무용한 인간들일 것이며, 반대로 가난한 자는 소박하고 겸손한 사람들이어서 매일매일 그들 자신에게보다는 사회에 훨씬 유익한 일을 할 것이기 때문입니다. 바꾸어 말하면, 나는 사유재산을 전적으로 폐지하지 않는 한, 귀하는 결코 공평한 재산의 분배나 인간 생활의 만족스러운 조직을 실현시킬 수는 없으리라고 확신합니다.

모어: 나는 동의할 수 없습니다. 나는 귀하가 공산주의 체제하에서 상당한 생활수준을 유지하게 되리라고 믿지 않습니다. 착실히 일하려고 하는 자는 하나도 없을 것이므로 항상 결핍 상태에 놓여 있을 것입니다. 이윤추구 동기가 없으면 누구나 게을러져서 다른 사람이 자신을 위해 일해 주기를 바라게 됩니다. 그래서 물자가 실제로 결핍될 때에는 연속적인 살인과 난동이 불가피한 결과

로 야기될 것입니다. 그 자신의 노동으로 얻은 것을 보호할 법적 수단이 없기 때문입니다. 특히 계급 없는 사회에서는 권위에 대한 어떠한 존경심도—이러한 사회에서는 있을 수가 없다고 나는 생각합니다.—없기 때문입니다.

사유재산이 폐지되어 모두가 공평하게 재산을 나누어 갖는 사회를 꿈꾸는 히슬로데이와 이윤추구의 동기를 가져야만 모두가 성실히 생활하는 사회가 될 것이란 모어의 주장은 서로 철저히 대립된다. 그리고 각각은 공산주의와 자본주의를 옹호하는 전형적인 주장이기도 하다. 양자가 지적하듯이 재산의 균등한 분배는 자본주의 체제하에서는 불가능하고, 이윤추구라는 동기의 확보는 공산주의 체제하에서는 어려운 일이다. 여기서 우리는 자유와 평등이 양립 불가능하다는 오래된 상식을 다시 한 번 확인하게 된다. 물론, '스파크노트'에서도 언급했듯 책 속에 등장하는 모어를 작가 토머스 모어와 동일인으로 보아서는 곤란하다. '유토피아'의 이상이 토머스 모어의 궁극적 사회상이라면, 오히려 유토피아를 염원하는 히슬로데이의 주장이 작가의 그것이라고 해야 할 것이다.

두 사람 모두 상대방의 핵심 주장이 사회적 혼란의 원인으로 작용한다고 말한다. 히슬로데이가 볼 때는 사유재산의 보장이 독점 자본가와 부자의 탐욕으로 이어지고, 모어가 볼 때는 재산의 공평 분배가 물자 부족과 재산권 보장의 결여로 인한 사회적 범죄로 연결된다는 것이다. 둘 다 사유재산을 거론하지만 그것이 초래할 결론에 대해서는 다른 견해를 보여준다. 인간이 자기 재산을 소유하고 싶어하는 것은 분명히 자연스런 속성이지만, 인간은 타인과 더불어 살고 싶어하는 속성도 갖고 있다. 따라서 문제는 사유재산 그 자체에 있다기보다는 그것이 너무 어느 한쪽에 치우쳐 있다는 점이다. 따라서 사유재산에 대한 근원적인 폐지도 문제일 뿐 아니라 문제가 되는 사유재산의 독점화 경향을 그대로 방치해 두는 것 역시 문제가 된다. 그렇다면 우선 당시의 사회가 사유재산을 둘러싸고 어떤 상황이었는지를 확인할 필요가 있다.

"예, 각하." 하고 나는 말했지요. "귀국의 양(羊)이올시다. 이 양은 전에는 아주 온순하고 소식(小食)하는 동물이었는데, 이제는 아주 큰 걸신쟁이가 되었고, 또 아주 사나워져서 사람들까지 먹어치우고 삼켜버리게 되었다고들 합니다. 그들은 전답, 집, 도시를 다 먹어치우고, 때려 부수고, 삼켜버립니다. 국내에서 제일 좋은, 제일 비싼 양모(羊毛)가 생산되는 지방을 보십시오. 그 지방에서는 귀족들, 신사 분들, 심지어는, 필시 거룩한 분임에 틀림없는 수도원장님들까지도 그들의 조상들이나 전 소유자들이 그들의 땅에서 해마다 거두어들였던 그 정도의 수입과 이익에 만족하지 않고, 또 국가에는 아무런 도움도 주지 않는, 오히려 국가를 괴롭히기만 하는 그러한 안일과 쾌락의 생활만으로 만족하지 않고 농경지를 전부 없애는 짓을 하고 있습니다. 그들은 땅 주위를 모두 둘러막아 목장으로 만들고, 집을 헐어버리고, 마을을 무너뜨리고, 양의 집이 될 교회를 빼놓고는 무엇 하나 남겨놓지를 않지요. 숲, 사냥터, 집터, 정원 등으로 바뀌어서 없어진 땅이 너무 적다고나 생각하는 모양이지요. 어질고 거룩한 그분들께서는, 모든 주택지, 모든 수도원 영지를 황폐하게 만들고 불모지로 만들고 있습니다. 이래서, 만족할 줄 모르는 욕심꾸러기 대식가이자, 바로 그 자신의 나라의 악신이랄 수 있는 욕심쟁이 하나가, 수천 에이커의 토지를 한 담장이나 울타리 안에 둘러막을 수 있게 하기 위하여, 농부들이 자기 땅에서 쫓겨나거나, 사기, 기만, 심한 압박 등으로 밀려나거나, 또는 불법과 침해에 시달리다 못해 모든 것을 팔 수밖에 없게 됩니다. 그들의 오랜 정든 집에서 터벅터벅 걸어 나온 이들에겐 들어가 쉴 곳도 없습니다. 객지로 돌아다니다가, 이 돈마저 다 떨어지게 되면, 도둑질을 하게 됩니다. 그렇게 되면 마땅히 사형을 당할밖에, 그렇지 않으면 거지 노릇을 할밖에 달리 무슨 수가 있겠습니까?"

　　여기서 히슬로데이는 농경지를 모두 사유 목초지로 바꾸는 '인클로저 운동'을 설명함으로써 당시 영국 사회의 부조리를 고발하고 있다. 즉 영국 사회가 농민들에게서 농경지를 빼앗아 도둑이 되게 만들고는 도둑이라며 비난하는 짓거리를 하고 있다는 것. 이 같은 사회적 배경을 참고로 다시 앞의 히슬로데이와 모어의 논의를 들여다보면 어느 쪽 주장이 좀더 진실에 가까운지 알게 된다. 특히 부(富)가 공적(功績)과 반비례해서 축적되는 불의한 현실에서 사유재산의 정당성을 옹호하기는 어렵다. 그 사회에서 가난한 이들이 취할 수 있는 방도는 역설적으로 모어가 주장한 사회적 범죄 그 이상도 이하도 아닐 것이다. 사회가 백성을 범죄로 내몰면서도 한편으로는 도둑질을 했다고 사형에 처한다는 것은 옳지 않으며, 더구나 사형을 내린다고 해서 가난한 이들이 생계를 위해 먹을 것을 훔치는 행위를 막을 수는 없는 노릇이다. 그러한 현실에서 사형보다 훨씬 좋은 대안은 모두가 충분히 먹을 음식을 제공하는 것 외에는 달리 빙도기 없다. 따라서 히슬로데이가 말하는 사유재산의 폐지는 곧 불의하게 축적한 사유재산의 폐지를 의미하며, 재산의 균등한 분배는 백성들 모두가 최소한의 인간다운 삶을 누릴 수 있는 터전을 갖게 하자는 주장과 다름없는 것이다.

그리고 보다 근원적으로는 문제의 원인이 모든 것이 돈에 의해 지배되고 판단되는 사회 자체에 있다는 문제의식을 드러낸다. 이러한 점에서 히슬로데이가 목격한 유토피아 사회는 돈에 대한 우리의 관점을 새롭게 전환시킨다.

황금 보기를 돌 같이 하라!

　　그들은 그들의 다른 습관과는 일치하지만 우리의 습관과는 정반대인 제도를 창안해냈습니다. 그러므로 여러분은 직접 목격하기 전에는 도저히 믿지 못할 것입니다. 이 제도에 의하면 식기나 컵은 유리나 토기와 같은 값싼 재료를 사용해 아름다운 모양으로 만들어냅니다. 가정이나 공동 식당에서 쓰는 요강 같은 불결한 일상용품은 금이나 은을 재료로 사용해서 만듭니다. 또한 그들은 노예를 묶어두는 사슬이나 족쇄를 순금으로 만들며, 참으로 부끄러운 죄를 범한 죄수에게는 귀와 손가락에 금귀고리와 금반지를 끼워주고 목에는 금목걸이를 매어주며, 머리에는 금관을 씌워줍니다. 사실 그들은 은이나 금을 경멸하게 하는 모든 방법을 사용합니다. 따라서 그들이 갖고 있는 금이나 은을 모두 내놓아야 할 때가 오더라도—다른 나라에서는 이를 자신의 목숨을 빼앗기는 것과 같은 운명이라고 여기지만—유토피아인들은 조금도 개의치 않습니다.

　　보석도 마찬가지입니다. 해변에는 진주가 있고, 어떤 바위에서는 다이아몬드와 석류석이 발견되지만, 그들은 이러한 보석을 찾아 헤매지는 않습니다. 그러나 우연히 발견하게 되면 이를 주워다가 닦아서 어린이들의 장식품으로 씁니다. 어린이들은 처음에는 이러한 패물을 자랑합니다. 이러한 패물은 육아실에서만 달고 다니기 때문에 어린이들이 나이가 들어 등록할 때가 되면, 부모가

주의를 주지 않더라도 자존심 때문에 패물을 버립니다. 마치 우
리네 어린이들이 장성하면 인형, 호도껍데기, 부적 따위에 싫증을
내는 것과 같습니다.

볼테르의 〈캉디드〉에서도 이와 비슷한 장면을 목격할
수 있듯이 금과 은을 경멸하게 만들기 위해 모든 방법을 동
원하는 사회, 그래서 금과 은을 그야말로 돌같이 여기는 사
회가 바로 유토피아의 모습이다. 이러한 사회적 관습과 제
도에 훈련된 유토피아 사람들은 어린아이들조차 나이가 들
면 금은이나 보석을 버린다. 한마디로 나이가 들어서도 금
은이나 보석 등에 집착하는 것은 자존심이 허락하지 않는
것. 그러니 어른들이 금은을 보는 시각이 어떠할지는 충분
히 짐작할 수 있다.

이러한 유토피아의 모습은 황금만능주의라고 일컬어
지는 오늘날 우리 사회의 모습과는 정반대다. 우리는 금은
을 빼앗기는 것이 곧 자신의 목숨을 빼앗기는 것처럼 여기
는 시대를 살고 있으며, 그러한 자본주의적 가치를 절대적
인 것으로 간주하여 모두가 목을 매달고 있다. 그리고 그
런 어른들의 모습을 바라보면서 자라는 어린아이들은 자연
스레 그것을 인생 목표로 삼는다. 요즘에는 어릴 때부터 경
제교육을 해야 한다는 말이 상식처럼 되어 있다. 〈부자 아
빠 가난한 아빠〉 같은 책이 베스트셀러가 되더니 이제 부

자아빠를 좇아 아이들도 부자가 되기 위해 〈열두 살에 부자가 된 키라〉 같은 책들을 읽는다. 경제 논리가 마치 삶의 전부가 되기라도 한 것처럼 과열된 현상은 분명 문제가 있다. 가난하면서도 멋진 아빠가 얼마든지 있거늘 우리는 물질적 가치 이외의 나머지 삶의 측면을 배제하고 개인의 가난을 무능함의 소치로만 돌리는 사회적 왜곡을 너무도 쉽게 간과해 버린다. 이제 가난한 아빠를 둔 아이는 아빠의 전철을 밟지 않기 위해 키라처럼 알아서 부자가 되기 위해 노력해야 하는 것이다.

물론, 위와 같은 유토피아 사회가 실현되려면 먼저 물질적인 풍요로움이 전제되어야 한다. 그러한 전제상의 문제가 있음에도 불구하고 히슬로데이가 소개하는 유토피아 사람들의 모습에서 우리는 화폐를 또 다른 관점에서 들여다볼 수 있는 가능성을 발견하게 된다. 즉 오늘날처럼 돈이 삶의 유일한 척도가 되어버린 시대에 사회적 제도와 의식 차원의 개선을 통해 돈에 대한 인식 전환이 가능하리란 점이다. 최근 영국과 호주를 비롯한 선진국의 행복지수와 관련한 설문조사에서 행복의 기준을 단순한 부의 축적이 아니라 단란한 가정이나 사회적 관계 등에서 찾는 이들이 많아졌다는 언론 기사가 이를 반영한다.

유토피아가 되기 위한 심층적 조건

　　그래서 유토피아인들은 사후에 포상과 처벌을 받는다는 것을 확신하게 된 것입니다. 그들의 견해에 따르면 이와 같이 생각하지 않는 사람은 자신의 불멸의 영혼을 짐승의 신체와 동일한 것으로 격하시켰으므로 인간으로 대우받지 못합니다. 더구나 그러한 사람은 유토피아 시민이라고 할 수 없습니다. 유토피아인들은 이러한 사람은 유토피아의 생활 방식에 진심으로 찬성하지는 않을 것이라고 말합니다. 단지 처벌이 두려워서 그런 척하는 데 지나지 않는다는 것입니다. 왜냐하면 법률의 제재 이외에는 아무것도 무서워하지 않고, 사후에 대한 희망을 전혀 갖지 못한 자는 자기 자신의 개인적 이익을 도모하기 위해 언제나 그 나라의 법망을 벗어나거나 법률을 침해하려고 획책할 것이 당연하기 때문입니다.

　　위의 제시문에서 유토피아가 갖는 종교관의 핵심을 발견할 수 있다. 즉 '사후에 포상과 처벌을 받는 것을 확신'하거나 '사후에 대한 희망', '불멸의 영혼' 같은 대목에서 내세에 대한 믿음을 가져야 한다는 것을 알 수 있다. 내세관의 존재는 곧 현세의 사람들을 내면적으로 통제하는 역할을 한다. 게으르고 이기적인 자들을 통제하기 위해서는 현실의 법률만으로는 부족하다는 것. 이 같은 시각은 일시적으로는 법치가 사람들을 구속할 수 있을지 몰라도 언제든 기회가 생기면 법망을 뚫고 나가려 하고, 이러한 행위를 백성들이 전혀 부끄러워하지 않는다는 공자의 말과 얼마간 상통한다. 그래서 공자가 바로 덕에 의한 통치, 즉 덕치주의를 통해 백성들의 내면적 자율성과 인격을 고양하여 백성들 스스로 사회적 가치를 지키도록 한 것이다. 유토피아의 내세관은 사후세계와 영혼을 믿는다는 점에서는 공자와 다르지만, 인간의 내면적 인격을 통해 자발적으로 삶을 영위하도록 한다는 점에서는 덕치주의와 그 원리를 같이한다.

이처럼 사후세계와 내세에서의 보상에 중요한 가치를 부여하는 이상, 이들이 현세에서 추구하는 삶의 기준 역시 도덕적 가치에 둘 수밖에 없다.

그러므로 유토피아인들은 삶의 향락, 곧 쾌락을 인간의 온갖 노력의 자연적인 목표라고 생각하며, 그들의 정의에 따르면 자연적이라는 말은 유덕(有德)하다는 말과 동의어입니다. 그러나 자연은 삶을 즐기는 데 서로 돕기를 바라고 있습니다. 어떠한 사람도 자연의 사랑을 독점할 수는 없기 때문입니다. 자연은 인류 각자의 복지에 대해 균등한 배려를 하고 있습니다. 그러므로 자연은 다른 사람의 이익을 희생시키면서까지 자기 자신의 이익을 추구해서는 안 된다고 분명한 명령을 내립니다. (중략) 다른 사람으로부터 한 가지 쾌락을 빼앗아 그것을 자신이 향락하는 것은 옳지 못하지만, 자기 자신의 쾌락을 줄여서 그것을 다른 사람의 향락에 보태주는 것은 자애로운 행위이며, 이러한 행위는 항상 잃은 것보다 더 많은 보상을 받게 됩니다. 첫째로 이러한 친절은 보통 똑같은 보답을 받습니다. 둘째로 보답은 받지 못한다고 하더라도 남에게 친절을 베풀어서 그의 애정과 선의를 획득했다는 생각만으로도 물질적인 만족의 상실을 보상하고도 남는, 정신적인 만족을 얻게 됩니다. 그리고 끝으로—종교적인 사람이 흔히 갖는 신념이지만—신이 적으나마 순간적인 쾌락을 희생한 보상으로 영원하고 완전한 기쁨을 줄 것입니다. 따라서 끝까지 분석해 보면 가장 유덕한 행위를 할 때도, 누구를 막론하고 쾌락을 궁극적인 행복이라고 여긴다고 유토피아인들은 말합니다.

유토피아 사람들이 생각하는 참된 쾌락은 '자연적으로 즐길 수 있는 육체적 또는 정신적 활동 상태'를 의미한다. 이러한 쾌락관은 다분히 에피쿠로스의 쾌락주의를 닮았고, 스토아학파의 윤리관 색채가 짙다. 에피쿠로스가 말한 마음의 평정으로서의 쾌락, 그리고 자연에 따른 삶에 이성적·윤리적 가치를 부여한 스토아학파의 윤리관과 그 틀을 같이하는 것. 자연적이란 의미를 덕의 개념으로 바라본다든지, 남을 돕는 행위를 자연의 법칙으로 바라본다든지, 자연이 인류 각자의 복지에 대해 균등하게 배려하고 있다는 등의 대목에서는 자연에 도덕적 법칙을 부여한 스토아학파와 동일한 사고방식을 발견할 수 있다. 물론, 자연에 과도하게 도덕적 의미를 부여하고 그 관점을 절대화한다면 니체가 그랬듯 자연에 대한 또 다른 해석을 봉쇄한다는 점에서 비판받을 수 있다.

그러나 여기서 말하는 진정한 쾌락이 기본적으로 도덕적 행위를 권장하는 의미를 띤다는 점에서 긍정적으로 바라볼 수 있다. 그리고 진정한 쾌락의 논리가 최종적으로는 앞에서 언급한 종교적 내세관과의 연관선상에 놓여 있기 때문에 그 긍정성은 자연히 확보된다. 즉 현세에서의 타인을 위한 배려 행위는 당장 보답을 받거나 정신적 만족을 누리게 되고, 그렇지 못할 경우 내세에서 신에 의해 보상받게 될 것이란 점에서 진정한 쾌락이라고 할 수 있다.

▍유토피아의 한계

1) 닫힌 공간

항만 입구는 놀라울 만큼 암초와 사주(砂洲)로 가득 차 있습니다. 이 암초들 중의 하나는 갈라진 틈의 거의 한가운데에 치솟아 있기 때문에 항해에는 위험하지 않으며, 그 위에는 탑을 세웠는데 항상 경비대가 배치되어 있습니다. 그러나 다른 암초들은 보이지 않기 때문에 위험천만합니다. 오직 유토피아인들만이 수로를 알고 있어서 유토피아인 안내인 없이 외국 배가 항구로 들어간다는 것은 실제로 불가능합니다. 만일 해안에 세워놓은 모종의 표시가 없다면, 항만으로 들어가는 것은 주민들에게조차도 위험한 일일 것입니다. 따라서 단지 이 표시를 바꾸기만 하면 그들은 아무리 많은 적의 전함이라도 유인해서 격파시킬 수 있을 것입니다. 물론 섬의 바깥쪽에도 많은 항구가 있으나, 이 항구들 역시 자연적 또는 인공적으로 매우 잘 요새화되어 있기 때문에 소수의 인원으로 거대한 침략군이 항구에 상륙하는 것을 막아낼 수 있습니다.

유토피아의 지리적 환경을 묘사한 위의 글에서 우리는 유토피아가 천혜의 요새임을 알 수 있다. 유토피아 사람들만 수로의 입구를 알 수 있고 외부에서는 들어올 수 없으며, 설사 배가 들어온다고 하더라도 보이지 않는 암초로 인해 위험해진다는 것. 유토피아의 지리적 위치는 외부 침략을 막음으로써 자체의 안녕이나 사회적 정체성을 오래 지속시킬 수 있다는 장점을 지녔다.

반면, 이러한 폐쇄적 환경과 조건이 낳는 부정적 측면도 발견할 수 있다. 이를테면, 유토피아 같은 이상적 사회는 특수한 환경 속에서만 가능하다는 점이다. 극히 특수한

환경과 이상적 조건 속에서만 가능한 사회가 유토피아라면
이 책에서 거론하는 유토피아 담론 또한 극히 비현실적인
몽상에 불과한 셈이 된다.

유토피아의 허구성을 암시하는 지리적 조건은 동양(중
국)에서도 발견된다.

진 태원 연간에 고기잡이를 업으로 하는 무릉의 어떤 사람이
계곡을 따라 가다 길의 원근을 잊고 말았는데, 홀연히 도화 숲을
만났다. 물가의 양편 수백 보 안에 다른 나무는 없었고, 향기로운
풀은 아름답게 자라고 떨어진 꽃잎은 어지럽게 날리고 있었다. 그
어부는 대단히 신기하여 다시 앞으로 나가 보니 숲이 끝났다. 숲
이 끝나고 물줄기도 사라진 곳에 문득 산이 나타났다. 산에는 작
은 입구가 있었는데 마치 광선이 비치는 것 같았다. 그는 배를 버
리고 그 입구로 들어갔는데, 처음에는 극히 협소하여 겨우 사람
이 통행할 정도였다. 다시 수십 보를 들어가자 넓고 탁 트인 곳이
보였다. (중략) 그들은 자기들의 조상이 秦代의 난을 피하여 처자
와 마을 사람들을 이끌고 이 절경으로 와 다시 나가지 않았기 때
문에 외부의 인간세계와 격절되었다고 하며 지금이 어떤 세상이
냐고 물었다. 그들은 漢나라가 있었다는 것은 물론 魏晉도 몰랐다.
어부가 일일이 들은 것을 말해 주자 그들은 모두 탄식하였다. 나
머지 사람들도 모두 그를 집으로 초대하여 술과 음식을 내놓았다.
(이렇게) 수일을 머문 후 그가 작별하고 떠날 때, 그 안의 사람들

은 (자기들의 존재를) 바깥사람들에게 말하지 말 것을 부탁하였다. 어부는 밖으로 나와 그 배를 타고 길을 찾아 나오며 곳곳에 표지를 남겨놓았다. 그는 마을의 태수를 찾아가 여차여차하였음을 말하였다. 태수는 즉시 사람을 파견, 그가 갔던 곳을 따라 일전에 남긴 표지를 찾았으나, 끝내 헤매기만 하였을 뿐 그 길을 찾지 못하였다. 南陽의 선비인 유자기(劉子驥)는 이것을 듣고 기쁜 마음으로 가 보았으나, 성공하지 못하고 곧 병사하였다. 그 후 그 길을 찾는 사람이 아무도 없었다.

—도연명의 〈도화원기(桃花源記)〉

도연명의 무릉도원(武陵桃源) 역시 토머스 모어의 경우처럼 입구를 찾기 어려운 지리적 환경에 놓여 있다. 어부가 우연히 찾아 들어갔지만 그곳에서 나온 후에는 애써 표지를 남긴 보람도 없이 아무도 그곳을 다시 찾지 못했다는 것. 이처럼 작가가 외부의 인간세계와 완전히 동떨어진 곳에 이상세계를 만들어놓을 수밖에 없는 이유는 그들의 조상이 난을 피해 들어왔다는 대목에서 짐작할 수 있다. 난리와 전쟁이 끊임없이 일어나는 인간세계에 대한 혐오 때문에 이러한 지리적 환경을 설정하고 외부세계와 완벽한 단절을 꾀한 것이리라. 즉 인간세계와 어떤 식으로든지 연결되면 곧 진정한 이상향이 깨질 것이라는 우려를 느낄 수 있다. 이 같은 유토피아 이야기에서 우리는 현실의 인간세계

에서 유토피아를 만들어내는 것이 얼마나 어려운지를 짐작
할 수 있다.

그러나 도연명의 〈도화원기〉 역시 토머스 모어의 〈유
토피아〉와 마찬가지로 외부와 단절된 닫힌 세계라는 측면
에서 진정한 이상향이라고 부르기는 어렵다. 진정한 유토
피아란 있는 그대로의 현실을 떠나서는 존재할 수 없다. 현
실과 동떨어진 유토피아는 현실도피이자 자기를 둘러싼 사
회와의 관계 단절과 다름없기 때문.

2) 차별적 관계

토머스 모어는 유토피아를 화폐가 없고 모든 것을 다
같이 공유하는 가운데 하루에 6시간의 노동을 통해 꼭 필
요한 것만 생산하고 나머지 시간은 자유롭게 인간다운 활
동을 보장하는 사회로 묘사하고 있다. 그러나 이처럼 자유
롭고 풍요로운 공동체라는 이상과는 어울리지 않게 여전히
차별적 요소가 남아 있다. 그 대표적인 것이 여성에 대한
사회적 차별이다.

우선 여자들이 생산 활동을 하지 않고 놀고 있다는 인
식이 드러나는데, 가사노동에 대한 고려가 빠진 판단으로
보인다. 또한 사회 조직의 측면에서는 각 가정에서 가장 나
이 많은 남자의 감독권을 주장하면서 더불어 아내의 남편

에 대한 복종, 자식의 어버이에 대한 복종까지 강제조항에 포함시키고 있다. 여성에 대한 편견은 종교 활동의 경우에 더욱 노골적으로 드러난다. 종교 축제일에는 교회로 가기 전, 아내는 남편 앞, 자녀는 부모 앞에서 무릎을 꿇고 앉아 그동안의 태만과 죄를 낱낱이 고백하고 용서를 빌어야 하는 것. 반면, 여성 사제의 선출이 드물긴 해도 허용된다는 점은 여성에 대한 또 다른 인식을 보여준다. 이처럼 〈유토피아〉에서는 작가가 지닌 여성관의 양면성을 읽을 수 있다. 즉 16세기 유럽이란 현실적 맥락 속에서 일정한 한계를 드러내면서도 여성의 지위에 대한 개선을 어느 정도 보여주고 있는 것이다.

또 하나, 유토피아에 노예가 존재한다는 사실은 특기할 만하다. 유토피아와 노예는 왠지 어울리지 않는다. 짐승의 도살, 도살한 짐승의 처리, 식당의 힘들고 거친 일 등, 궂은일을 도맡아 처리하는 노예들은 세습이 아니고 범죄자, 또는 무상이나 약간의 돈을 주고 사들인 외국의 사형수들이나 외국노동자들이다. 외국노동자들의 경우에는 원한다면 언제라도 자유롭게 떠날 수 있다는 것이 색다르다.

특히 주목할 만한 것은 노예들 중 유토피아 출신 죄수들은 더 가혹하게 중노동을 시킨다는 점. 최고의 교육과 철저한 도덕적 훈련을 받는 특권을 누린 자들이기 때문에 그 처벌도 더욱 가혹해야 마땅하다는 논리다. 즉 교육받은 만

큼 인간 노릇을 하지 못한 죄를 노예의 신분으로서 벌주는
것이다.

이처럼 유토피아의 노예의 성격이 우리가 생각하는 것
과 다소 차이가 있지만, 여전히 인간에게 서열이 매겨지고
강제와 억압이 존재한다는 점에서 이상적인 세계와는 거리
가 멀다는 생각을 지울 수 없다.

실전 연습문제

다음 제시문을 읽고 물음에 답하시오.

　어느 날인가 나는 추기경과 식사를 같이 한 적이 있었는데 그때 마침 자리에는 영국의 변호사 한 사람이 함께 앉아 있었습니다. 그 사람은 어쩌다 그런 말을 하게 되었는지 모르겠지만, 하여간, 당시 중죄수들에 대해서 적용되고 있었던 엄격하고 가혹한 처벌을 극구 칭찬하기 시작했는데, 그에 의하면 죄수들은 대개 스무 명이 한 형틀에 한꺼번에 교수형 당했다는 것이었어요. 그런데 처벌을 면한 자의 수가 극히 적은 것으로 보아, 이렇게 처벌되면서도 어째서, 또 무슨 액운으로, 도둑이 어느 곳에나 들끓고 날뛰게 되는지 참 이상하고 놀랄 수밖엔 없다고 말하는 것이었어요.

　"그렇지 않습니다."라고 나는 말했지요(나는 사실 내 마음을 추기경 앞에 대담하게 털어놓았거든요). "그건 조금도 이상할 게 없습니다. 이 도둑에 대한 형벌은 정의의 한계를 넘어섰으며, 또 국가에 대해서도 매우 해로운 것입니다. 그럴 것이, 도둑에 대해선 너무 극단적이며, 너무 잔학한 형벌인데, 그러면서도 역시 도둑질 못하게 사람들을 제재할 힘도 없으니 말입니다. 단순한 절도 행위는 사형으로 처벌하여야 할 만큼 그렇게 큰 범죄는 아니거든요, 제 아무리 무서운 형벌로도, 도둑질이라는 길밖에는 먹고 살아 갈 딴 방도가 없는 사람들을 도둑질 못하게 막아낼 순 없습니다. 그러니까 이 점에서는, 당신만이 아니라, 이 세상 사람 대부분이, 학생을 가르치려고는 하지 않고, 자칫하면 때리려고만 드는 못된 교사와 비슷합니다. "우선 훔쳐놓고 보자, 죽는 것은 그 다음 일이다"라고 생각할 수밖엔 딴 도리가 없는 그런 막다른 곤궁 상태에 빠지는 사람이 하나도 없도록, 그들이 생계를 이어나갈 여러 가지 방편을 위하여 오히려 여러 시설을 갖추어야 할 것임에도 불구하고, 도둑에 대해서 무겁고 무서운 형벌을 규정하고 있으니 말씀입니다." "그렇지." 하고 그 분은 말씀하셨어요. "그런 시설은 이미 충분히 갖추어놓았지. 그들이 아무 짝에도 쓸모없는 사람이 되고자 하는 그런 생각만 가지고 있지 않다면야, 먹고 살아갈 수공업도 있고, 농사도 있지 않아."

"안되십니다."라고 나는 말했지요. "그렇게 빠져나가실 순 없습니다. 우선 첫째로, 그렇게 오래 전 일도 아닌 블랙 히트 싸움터에서, 또 그보다 조금 전인 프랑스 전쟁에서 불구자가 되고 절름발이가 돼서 돌아온 사람들에 관해서는, 아무 말씀도 드리지 않겠습니다. 아시겠습니까, 국가와 국왕을 위하여 그들의 목숨을 위험 속에 내던진 사람들, 병들고 절름발이이기 때문에 전에 하던 일을 맡아볼 수가 없고, 이제 너무 늙어서 새로운 일은 배울 수가 없는 사람들, 이런 사람들에 관해선 아무 말씀도 드리지 않겠다는 말씀이 올시다. 전쟁이란 으레 그러는 것이기 때문입니다.

그래, 우리 눈앞에 날마다 일어나는 일을 생각해 보십시다.

첫째, 남이 노동해서 얻은 물건으로, 수벌 마냥 아무 일도 하지 않고 살아가는 것만으로는 만족할 수 없는 신사 분들이 많이 있습니다. 그런데 이들은 소작료를 올림으로써, 이른바 소작인들의 살까지 깎아냅니다 그려.(그들이 기껏 검약한다는 게 이런 식 검약뿐이지요. 그렇지 않다가는 그 낭비 때문에 바로 거지가 될 테니까요.) 이 신사 분들은 말씀입니다. 자기들만 빈들빈들 노는 게 아니라, 그들 뒤꼬리에다, 이 역시 아무 일도 하지 않고 빈들거리는 하인들의 대군을 거느리고 있습니다. 이 하인들은 자기 생계를 이어나갈 일이라곤 아무것도 배우지 않았지요. 이런 자들은 그 주인이 죽거나 자신들이 병들게 되면 당장에 집밖으로 쫓겨나게 마련이지요. 왜냐하면, 신사 분들은 병든 사람보다는 게으른 사람을 거느리려고 할 것이며, 또 흔히 죽은 이의 상속자가, 자기 아버지처럼 그렇게 큰 집을 유지할 수가 없고, 그렇게 많은 하인을 거느릴 수가 없기도 하기 때문이올시다. 이렇게 되면 일감이 없어져버린 사람들은 굶어 죽거나, 그렇지 않으면, 눈 딱 감고 도둑질을 하게 됩니다. 그도 그럴 것이 그밖에 그들이 할 수 있는 일이 무엇이겠습니까? 오랫동안 객지로 돌아다니는 끝에, 옷은 다 닳아서 실밥이 보이고 건강도 잃게 되면, 신사 분들은 그들의 얼굴이 싯누렇게 병들었고, 옷이 누덕누덕 기운 것이라 해서, 하인으로 삼으려고 하지 않습니다. 그리고 게으름과 쾌락 속에 파묻혀 떠받쳐서 버릇없이 자라났기 때문에, 칼과 방패를 옆에 차고, 거만한 얼굴로 거리를 재고 다니기가 일쑤이며, 너무 잘나서 아무도 상대할 만한 사람이 없다고 생각하는 게 버릇이 된, 그런 사람들은요, 얼마 안 되는 품삯과 보잘 것 없는 음식을 얻으려고 삽과 괭이를 들고, 가난한 사람에게 정말로 충실하게 봉사할 만한 사람들이 아니라는 걸 농민들도 잘 알고 있어요. 그래서 농민들도 그들에게 일을 맡기려고 하질 않습니다.” “아니올시다.” 하고 그 법률가는 말했어요. “결코 그렇지 않습니다. 이런 종류의 사람들이야말로 우리가 가장 훌륭하게 선용해야 할 사람들이지요. 직공이나 농부보다, 더 튼튼한 기상, 더 대담한 정신, 더 씩씩한 용기를 가지고 있는 이런 사람들이야말로, 우리가 전쟁터에서 싸워야 할 때, 우리 군대의 모든 힘, 모든 세력, 모든 능력의 기본 요인이 되기 때문입니다.” “그렇습니다.”라고 나는 말했지요. “차라리 전쟁을 위해서 도둑을 소중히 육성해내야 한다고 말하는 게 낫겠습니다. 그러나 게으름쟁이들이 있는 동안은 도둑이 모자라지는 않을 것이니까요. 사실, 도둑치고 아주 못되고 아주 나약한 병정 아닌 자가 없으며,

병정치고 아주 비겁한 도둑 아닌 자가 없을 겁니다. 이 두 직업은 참 서로 일치하는 데가 많거든요. 하지만 이런 잘못은 당신들께는 으레 그런 것으로 되어 있지요. 실은 당신들에게만 국한된 것이 아니라, 모든 국민에 거의 공통된 것이올시다.

더욱이 프랑스는 이것 말고도 더욱 고통스러운 재난에 휩쓸려 시달리고 있지요. 평화시인데도 (그걸 평화시라고 할 수 있을지 모르겠습니다만) 전국이 용병으로 가득 차 있으며, 또 그들에게 둘러싸여 있는데요, 이들은, 당신들께서 이 게으름쟁이 하인들을 육성해야 한다고 말씀하실 때 내세우는 것과 똑같은 핑계와 구실로 인해서 고용해 들인 사람들이거든요. 그것은, 이 영리한 멍청이들과 바보들이, 힘세고 믿음직한 수비대, 특히 오랜 훈련을 쌓은 병정들로 구성된 그런 수비대가 상비되어 있어야 온 나라의 안녕이 보장될 수 있다고 생각하기 때문이지요. 그들은 훈련받지 못한 자들은 신용하지 않습니다. 이래서 그들은 노련한 병정들과 재치 있는 살인자들을 상비하기 위하여, 또 (살루스트의 점잖은 말을 빌리자면), 병정들의 손과 마음이 게으름과 훈련 부족으로 둔화되지 않도록 하기 위하여, 전쟁을 바라지 않을 수 없게 됩니다. 그러나 이런 짐승들을 기르는 것이 얼마나 해롭고, 고통스러운 일인가를, 프랑스인들은 자신이 입은 피해를 통하여 배웠습니다. 그리고 로마인들, 카

르타고인들, 시리아인들, 그밖의 여러 나라 사람들의 실례
가 이것을 뚜렷이 증명하고 있지요. 사실, 사정이야 어떻든
간에, 당신들께서 일으키고 싶다는 생각을 갖지 않으면 절
대로 일어날 수 없는 그런 전쟁을 위해서, 평화시에 그렇게
도 까다롭고, 말썽 많은 그 따위 사람들의 대군을 기르고
있다는 건, 나라에 아무런 이익도 되지 않을 것이라 생각됩
니다. 그런데 실은, 이 평화야말로 전쟁보다 훨씬 더 소중히
여겨야 할 일이 아닙니까. 그러나 도둑질을 하지 않을 수
없게 만드는 원인이 이것뿐인 것은 아니지요. 그밖에도 딴
원인이 있는데, 내 생각으로는 이것은 당신들 영국 사람들
에게만 특유한 것 같습니다.“

“그게 무언가요?” 라고 추기경이 말씀하셨습니다.

“예, 각하,” 하고 나는 말했지요. “귀국의 양(羊)이올시
다. 이 양은 전에는 아주 온순하고 소식(小食)의 동물이었
는데, 이제는 아주 큰 걸신쟁이가 되었고, 또 아주 사나워져
서, 사람들까지 먹어치우고 삼켜버리게 되었다고들 합니다.
그들은 전답, 집, 도시를 다 먹어치우고, 때려 부수고, 삼켜
버립니다. 국내에서 제일 좋은, 제일 비싼 양모(羊毛)가 생
산되는 지방을 보십시오. 그 지방에서는 귀족들, 신사 분들,
심지어는, 필시 거룩한 분임에 틀림없는 수도원장님들까지
도 그들의 조상들이나 전 소유자들이 그들의 땅에서 해마
다 거두어 들였던 그 정도의 수입과 이익에 만족하지 않고,

또 국가에는 아무런 도움도 주지 않는, 오히려 국가를 괴롭히기만 하는 그러한 안일과 쾌락의 생활만으로 만족하지 않고 농경지를 전부 없애는 짓을 하고 있습니다. 그들은 땅 주위를 모두 둘러막아 목장으로 만들고, 집을 헐어 버리고, 마을을 무너뜨리고, 양의 집이 될 교회를 빼놓고는 무엇 하나 남겨놓지를 않지요. 숲, 사냥터, 집터, 정원 등으로 바뀌어서 없어진 땅이 너무 적다고나 생각하는 모양이지요. 어질고 거룩한 그분들께서는, 모든 주택지, 모든 수도원 영지를 황폐하게 만들고 불모지로 만들고 있습니다. 이래서, 만족할 줄 모르는 욕심꾸러기 대식가이자, 바로 그 자신의 나라의 악신이랄 수 있는 욕심쟁이 하나가, 수천 에이커의 토지를 한 담장이나 울타리 안에 둘러막을 수 있게 하기 위하여, 농부들이 자기 땅에서 쫓겨나거나, 사기, 기만, 심한 압박 등으로 밀려나거나, 또는 불법과 침해에 시달리다 못해 모든 것을 팔 수밖에 없게 됩니다. 그들의 오랜 정든 집에서 터벅터벅 걸어 나온 이들에겐 들어가 쉴 곳도 없습니다. 객지로 돌아다니다가, 이 돈마저 다 떨어지게 되면, 도둑질을 하게 됩니다. 그렇게 되면 마땅히 사형을 당할밖에, 그렇지 않으면 거지 노릇을 할밖에 달리 무슨 수가 있겠습니까?"

—토머스 모어 〈유토피아〉 중에서

1. 위 글의 내용을 250자 내외로 요약하시오.

2. 위에서 찾은 논지를 근거로 하여 다음의 A와 B의 주장 중 하나의 입장을 선택하고 그 이유를 설명해 보시오. (1,000자 내외)

    A : 모든 사회에서는 도둑질 등의 범죄가 만연하는데, 범죄에 대한 가혹 형벌 이외에 범죄의 원인을 근본적으로 없애는 개혁이 요구된다.

    B : 범죄를 해결하기 위해 일부에서는 가혹한 형벌을 반대하는 경향이 있는데 물론 지나치게 가혹한 것은 좋지 않지만 최소한의 사회 질서를 유지하기 위해서는 어쩔 수 없다.

미국에서 1억부 이상 판매된 기적의 논술가이드
클리프노트가 한국에 상륙했다!!

방대한 고전을 하루만에 독파하는 스피드
다락원 명작노트 **CliffsNotes™** 시리즈는

▶ 미국대학위원회, 서울대, 연·고대 추천 고전을 알기 쉽게 재구성한 대한민국 대표 논술교과서입니다. ▶ 작품의 핵심내용과 사상, 역사적 배경, 심볼, 작가의 의도 등을 명확하게 정리하여 방대한 원작을 쉽고 빠르게 이해할 수 있게 해줍니다. ▶ 미국에서 리포트, 논술용으로 1억 부 이상 팔린 초베스트셀러의 명성에 비평적 사고와 논리적 글쓰기의 모델을 제시하는 〈一以貫之〉의 논술 노트를 통해 사고 능력, 읽기 능력, 쓰기 능력을 체계적으로 길러줍니다.

★ 〈一以貫之〉 논술연구모임: 대입 논술이 시작될 때부터 학원과 학교에서 논술을 가르쳐온 전문가들의 모임입니다. 현재 서울·분당·평촌·인천·광주·부산·울산 등의 유명 학원과 고등학교의 논술강의 현장에서 학생들이 '자신의 물음'과 '자신의 생각'을 갖고 '자신의 글'을 쓸 수 있도록 도와주고 있습니다.

다락원 명작노트 **CliffsNotes™** 시리즈 50권 출간

001 걸리버 여행기　002 동물농장　003 허클베리 핀의 모험　004 호밀밭의 파수꾼　005 구약 성서

006 신약 성서　007 분노의 포도　008 빌러비드　009 이반 데니소비치의 하루　010 카라마조프 가의 형제들

011 순수의 시대　012 안나 카레니나　013 멋진 신세계　014 캉디드　015 캔터베리 이야기　016 죄와 벌

017 크루서블　018 몽테크리스토 백작　019 데이비드 코퍼필드　020 프랑켄슈타인　021 신곡

022 막대한 유산　023 햄릿　024 어둠의 심연 外　025 일리아드　026 진지함의 중요성　027 제인 에어

028 앵무새 죽이기　029 리어 왕　030 파리대왕　031 맥베스　032 보바리 부인　033 모비딕

034 오디세이　035 노인과 바다　036 오셀로　037 젊은 예술가의 초상　038 주홍 글씨　039 테스

040 월든　041 워더링 하이츠　042 레미제라블　043 오만과 편견　044 올리버 트위스트　045 돈키호테

046 1984년　047 이방인　048 율리시스　049 실낙원　050 위대한 개츠비